学問の自由と研究者のモラル

―「軍学共同」問題から考える―

著者

広渡清吾／益川敏英／香山リカ

日本科学者会議 監修

本の泉社

はじめに

牧　良明

本書は、「学問と学術体制のあり方を問う―学問の軍事利用を拒否する―」と題して日本科学者会議が開催したシンポジウムがベースとなっている。このシンポジウムの開催に至る経緯や背景、その意義に関しては、「あとがきにかえて」で述べてもらうこととして、ここでは、本書のタイトルを「学問の自由と研究者のモラル」とした理由について述べておこうと思う。

本書の出版に向けて編集委員で議論をしていた際に、「今、大学での教育において『研究者のモラル』についてきちんと伝えることのできるテキストがない」ということが話題となった。一面では、今、研究者のモラルは非常に問われているともいえる。しかし、そこで議論となっているのは、ねつ造、剽窃、盗用、といった、研究不正の領域である。研究者が研究不正を行わないことは、モラルの一端ではあり、重要な問題ではある。しかし、本来議論されるべき研究者のモラルは研究不正の問題も含みこみながらも、「研究とはいったい何のために行われるべきものなのか」というより根本的問いから発せられるべきものではないだろうか。そして、この根本的問いが強く発せられたのが、とりわけ日本においては第二次世界大戦に対する科学者の反省の過程であったことが、本書では随所で述べられている。

では、「研究者のモラル」として何が議論されるべきなのか。ここで、少し視点をずらして、経営学で議論される「企業の社会的責任」論から考えてみたい。「企業の社会的責任」論で議論されていることを思い切って要約するなら、企業の内的原動力である利潤追求と、社会に対して持つべき企業の責任との関係についてであると言えよう。この関係のあり方は大きく2つに分けることができる。1つは、企業の利潤追求の「暴走」を抑止するという意味での社会的責任である。企業は利潤追求の結果、環境問題をはじめとして、さまざまな社会的害悪を発生させる。この企業由来の社会的害悪の発生を抑止するための論理としての「企業の社会的責任」、すなわち、社会の中に存在する企業は、社会に対する責任として、社会に害をなす行動は行うべきではない、ということである。そしてもう1つが、企業の利潤追求を促進するという意味での社会的責任である。企業自身が、自らが社会的存在であることを自覚し、自律的に社会的に責任ある行動をとることによって社会との適切な関係が構築され、ひいては自らの原動力である利潤追求にも寄与する、ということである。

この論理を研究者のモラルの問題として考えてみるとどうなるであろうか。まず、研究者の内的原動力とは何であろうか。なぜ、研究者は艱難辛苦に直面しても、研究をし続けるのであろうか。それは、何よりも研究者個々人がもつ、知的欲求であり、真理の探究心であろう。本書のメインテーマとは少しずれるが、現在、研究者の研究が本当に内的原動力によって駆動されているのかどうかそのものが問われなければならないように思う。ノーベル賞受賞者が口々に訴えている日本の科学の危機は、「社会のために」という名の下に、研究者の内的原動力そのものが失われつつあるのではないかということであろう。そして、研究者のモラルは、この、研究者が本来的にもつ（べき）内的原動力に対して、研究の暴走を抑止する意味と、研究を促進する意味をもつということになる。つまり、研究者のモラルは、研究の成果が社会に対して害悪を与えないために必要であると同時に、研究を適切に発展させるために必要だ、ということである。本書では、主に「軍事研究」との関係で、この2側面の「研究者のモラル」の問題が語られている。

さて、近年「軍事研究」との関係で「研究者のモラル」を論じようとする際に持ち出されるのが、「学問の自由」による「批判」である。すなわち、「軍事研究」を行うかどうかを決めるのも「学問の自由」であり、「軍事研究」の是非を議論し、ましてや各研究者の研究内容を拘束しようとしてはいけない、という議論である。確かに、学問の自由は、日本国憲法第23条に「学問の自由は、これを保障する」とあるように、極めて重要なものであることは論を待たない。しかし、企業の活動がそうであり、また、個人の活動もそうであるように、「自由」とはすなわち何でもやってよいということではない。「自由」には必ず「責任」「モラル」がともなわなければならないのである。すなわち、「研究者のモラル」を問うことは、同時に「学問の自由」の意味を問うことであり、また、両社の関係を問うことなのだとわれわれは考える。このような意味を込めて、本書を、「学問の自由と研究者のモラル——「軍学共同」問題から考える——」とした。

当然、「学問の自由」と「研究者のモラル」は、一朝一夕に答えが出る問題ではなく、また、簡単に答えを出すべきものでもない。むしろ、「研究者のモラル」「学問の自由」とは何かを考え続けることが、研究者がもつべき「モラル」であると思う。「軍事研究」「軍学共同」にどう向き合うかという切り口から編まれた本書が、研究・教育の場で「研究者のモラル」「学問の自由」という根本的問題を考える一助になることを期待している。

目次

1．はじめに……………………………………………………………………1
牧　良明
（ＪＳＡ　学術体制部長）

2．大学と軍事研究―科学者コミュニティの役割……………………7
広渡清吾
（元日本学術会議会長・東京大学名誉教授）

3―1．対談：科学者は社会といかに結び付くべきか……………48
益川敏英
（ＪＳＡ　代表幹事・ノーベル物理学賞受賞者）
香山リカ
（精神科医・立教大学教授）

3-2．対談を終えて……香山リカ（精神科医・立教大学教授）65
4．科学者の社会的責任についての考察……丹生淳郷（JSA 科学者の権利問題委員会）72
5．学術研究体制の危機―財界と官邸による「大学改革」の狙い……井原 聰（JSA 全国事務局長）90
6．あとがきにかえて……竹森正孝（JSA 前学術体制部長）111
巻末資料：「軍事研究」にかかわる日本学術会議の声明等……119

大学と軍事研究―科学者コミュニティの役割

広渡清吾

1．「今」という時代の状況

「大学と軍事研究」というテーマを論じるにあたって、このテーマを生んでいる「今」について、はじめに述べておきたい。

日本においても、また、世界においても、大学という伝統的な社会制度は、21世紀の「今」、グローバル化対応を必至の要請とし、第4次産業革命とよばれる産業技術の進展のなかでその推進エンジンの役割を期待され、また、現代資本主義国家の福祉国家化に対する反動としての新自由主義政策の下で市場化の波にさらされ、国民の拡大する高等教育要求のなかで大衆化が進行している。そして、これらは、それぞれ外発的な変化の圧力として、大学を絶え間なき「改革」に急き立てている。

大学という制度について、日本の教育基本法は、その基本的意義を「学術の中心として、高い教養と専門的能力を培うとともに、深く真理を探究して新たな知見を創造し、これらの成果を広く社会に提供することにより、社会の発展に寄与するもの」と定義し、かつ、そのあり方について「自主性、自律性その他の大学における教育及び研究の特性が尊重されなければならない」と指示している（同7条）。このような大学の意義とあり方は、日本国憲法によって「学問の自由」およびこれを制度的に裏付ける「大学の自治」として保障されている（同23条）。

「制度としての大学」は、このように「自由と自治」の理念に基礎づけられているが、他方で教育および研究の成果を広く「社会に提供」し、もって「社会の発展に寄与する」とされるから（前出7条）、大学は、社会の期待とニーズに対応することを責務とするものと位置づけられている。こうした社会への対応は、本来、大学が自主的、自律的に行うべきところであるが、「今」という時代における「外発的な変化の圧力」は、政府の大学政策の主導によって大学が自主性・自律性を失う方向に作用している。

日本の大学が当面している軍事研究問題は、大きくみれば、その1つである。もともと、第二次世界大戦後の日本においては、戦後の新憲法である日本国憲法第9条が戦争放棄、戦力不保持および交戦権の否認を規定し、政治・経済・社会の全領域において軍事的なるものの正統性が認められてこなかった。この社会のなかで活動する大学は、その責務として平和の創造への貢献を追求することこそ本来的であると当然に考え、戦争の手段としての軍事技術の開発研究などは、公然とその存在を主張しうるようなものではありえなかった。とはいえ、1952年（1960年改定）の日米安全保障条約に基づいて駐留する在日米軍、つづいて1954年の自衛隊法によって設置、運用される自衛隊は、その実質において軍事力であり、一方で憲法9条を形骸化しつつ、他方で同時に憲法規範的な制約をうける形で活動している。その限りで、日本の大学がその政治的影響からまったく自由であったわけではない。

「今」の状況は、戦後継続してきた以上にのべたような事態をこえて、新たな段階に入っている。それは、「軍事のメインストリーム化」と特徴づけることができよう。これを推進しているのは、「戦後レジームからの脱却」を標榜する安倍晋三政権であり（第一次安倍政権２００６年９月－２００７年９月、第二次政権２０１２年12月－）、その脱却の核心的ターゲットは、９条からの軍事力の解放、つまり、軍隊としての自衛隊を憲法上認知することに向けられている。

第一次安倍政権は、法改正によって防衛庁を防衛省に格上げし（２００６年12月）、また、憲法改正のための国民投票法（２００７年５月「日本国憲法の改正手続に関する法律」）を成立させた。これまで憲法改正手続すら法整備されていなかった状況に対して、同法は改憲に向けての必須の第一歩とみなされた。第二次安倍政権は、第一次政権の挫折からの教訓と政権復帰のための相応の準備をもって、「国際環境の変化によって厳しくなった安全保障環境に対応する」というお題目のもとに、矢継ぎ早に国家安全保障政策を前面におしだしてきた。２０１３年12月には、特定秘密保護法を強行し、日米軍事同盟の機密保持の要請に応えて防衛秘密・外交秘密の特権化を確保し、国民の知る権利が排除された。２０１４年４月には、これまでの武器輸出制限を目的とする「武器輸出３原則」（閣議決定）を「防衛装備移転３原則」に改訂し、日本の安全保障に役立つことを条件とする武器・軍事技術の積極的輸出に踏み出した。これは、軍需生産をビジネスとする大企業に大きなメリットを与えるものである。

２０１４年７月、安倍政権は、集団的自衛権を合憲とする閣議決定を行い、憲法９条についてのこれまでの有権解釈（内閣法制局の見解として内閣および国会が立法に際して前提としてきた憲法解釈）を覆した。従来の有権解釈は、戦力不保持・交戦権否認の憲法規定と自衛隊の存在を両立させるべく、外国から武力攻撃をうけた場合、ほかに方法がなく、かつ、必要最小限の範囲で反撃、自衛することとならば９条も禁止していず、このための実力の保持が許される（これは「戦力」ではない）と説明していた。この自衛の措置は、日本が武力攻撃を受けることを絶対的条件としており、いわゆる個別的自衛権の行使であると位置づけられた。それゆえ、当然の論理として、いわゆる集団的自衛権の行使、つまり、友好国である他国が第三国から武力攻撃を受けたとき、それを援助すべく第三国に武力攻撃を行うことは、９条の下、認める余地すらないと解されていた。

ところがこの閣議決定は、三百代言の見本のように、個別的自衛権と同じく集団的自衛権も９条によって認められるという理屈をひねりだした。それは、両者が同じ要件のもとにあることを論証することである。つまり、集団的自衛権の場合も、①他国が武力攻撃を受けている事態で、日本が武力攻撃を受けているのと同じようにみなされるならば、個別的自衛権の場合と同様にわが国の「存立危機事態」であるから、②ほかに方法がなく、③必要最小限の反撃である条件のもと、９条によって許されると説明したのである。①はあきらかに、個別的自衛権の行使が文字通りの自衛であるのに対して、集団的自衛権の行使が他国の防衛、つまり「他衛」にほかならないという事実をレトリックによって隠ぺいするものである。もしこのような憲法解釈がまかりとおることになれば、日本の憲法学はそのレゾン・デートルを失うと思われるほどのアクロバット的解釈であった。内閣法制局の従来の解釈を転換させるために、安倍政権は、これまでの人事慣行を無視して安倍政権の意向にかなう外務官僚を法制局長官に据え、法制局官僚を懐柔して、新解釈を可能にしたのである。

２０１５年４月、安倍首相は、アメリカの上下院合同会議で演説し、「積極的平和主義」(proactive contribution for peace) の旗のもとに「戦後始まって以来の大改革」を進めることを約束した。いうまでもないが、「積極的平和主義」は、国際平和学にいわゆる「積極的平和」(positive peace) と無縁のものであり、安倍発言の趣旨に沿えば「自衛隊の積極的活用による平和への貢献」の意である。この時期に接して、日米外相・防衛相によって第３次日米防衛ガイドラインが締結された（２０１５年３月）。安倍演説も、新ガイドラインも、アメリカ側がかねてから要求する日米共同軍事行動の強化（集団的自衛権の行使を含む）に応じるものであった。ガイドラインでは初めて、日米の防衛装備・技術に関する相互協力が規定された。

安倍首相のいう「大改革」は、安全保障関連法案として、こののち5月15日に国会に上程された。同法案（自衛隊法など既存の10の法律を一括改正する「我が国及び国際社会の平和及び安全の確保に資するための自衛隊法等の一部を改正する法律」案、および新法として「国際平和共同対処事態に際して我が国が実施する諸外国の軍隊等に対する協力支援活動等に関する法律」案）は、ひとことでいえば、日本の自衛隊の活動、それゆえ同時にまた、日米共同軍事活動を質量ともに拡大、強化することを目的にした。第１に、集団的自衛権の行使を可能にする、第２に、外国軍隊の

「後方支援」を世界のどこでも可能にし、かつ、より前線に近いところで拡大し、強力に行えるようにする、第3に、PKO（国連平和維持活動）の実行範囲を拡大し、強化することである。

安全保障関連法案に対しては、歴代の内閣法制局長官をはじめとして、裁判官や弁護士、そして憲法学者など法律家が法案違憲の声をあげ、反対に立ち上がったのが特徴であった。また、同時に社会の各層、各領域から市民の運動が組織された。反対運動の広がりと強さは、1960年の安保条約改定反対闘争以来のものであったと言われる。安倍政権は、世論調査によっても一貫して過半数の国民が違憲であるとして反対した法案を、同年9月19日、最後には強行採決で成立させた。同月15日、日本経団連は、「武器輸出を国家戦略として推進すべき」という提言を決定し、防衛省では新たに防衛装備庁が約1兆5000億円の防衛調達費をもつ組織として発足した（10月1日）。このように、財界は、軍需産業を後押しし、国内的な調達にとどまらず、国家の支援によって国際的な武器・防衛装備市場に日本企業が積極的に進出していくことを戦略としている。

このなかで、防衛省は、2015年度、予算規模3億円で「安全保障技術研究推進制度」を設け、軍事技術に関連するテーマについて科学者・技術者に対する研究プロジェクトの公募を行った。同制度は、その予算規模を2016年度には6億円、さらに2017年度110億円と急増させ、2018年度についても同規模（101億円）で運用している。「安全保障技術研究」とは、防衛目的に資する技術研究のことにほかならず、同制度は、政府が公然と大学と研究機関（公募の対象は企業の研究者を含む）の科学者に軍事研究のための研究資金を提供することを目的とするものであり、上記の「メインストリーム化」が学問の世界に及んできたものとみることができる。

科学技術政策のサイドからも、第5期科学技術基本計画（計画年度2016年度－2020年度）は、同計画としてははじめて、「国家安全保障戦略を踏まえ、国家安全保障上の諸課題に対し、関係府省・産官学連携の下、…必要な技術の研究開発を推進する」と明記した。国家安全保障の重要な1つが、軍事的安全保障であることはいうまでもない（「安全保障」は、様々な意味合いが含まれる。国家安全保障に対して人間の安全保障という概念もある。国家安全保障のなかでも、自然の大災害などに対する安全保障もあり、それとならんで軍事的安全保障がある）。

こうして、大学と軍事研究、あるいは「軍（産）学共同」問題は、安倍政権の国家安全保障政策の一環として、わたしたちが直面する問題となっている(1)。2017年1月に誕生したアメリカのトランプ政権の役回りにも注意しなければならない。トランプ政権はアメリカの軍事費を増大し（軍産複合体の強化）、また、貿易不均衡の理由もあわせて日本に防衛装備の購入を迫り、安倍政権はこれに応じた（イージス・アショア＝陸上配備型防衛ミサイルシステムの購入など）。

安倍政権は、2016年7月の参議院選挙、そして2017年11月の衆議院選挙のいずれにおいても政権与党の優位を維持し、かつ、憲法改正発議に必要な3分の2以上の議席を確保した。安倍政権の軍事のメインストリーム化は、いまや、憲法9条改正に明確に照準をあわせている。自民党は、2012年4月に公表した党としての改憲案において、9条2項を全面改正し、自衛権を明記し、軍隊としての国防軍を設置することを規定していた。安倍首相は、2017年5月3日に、この自民党案では国民にただちに受け入れられることが難しいという理由で、これに代えて9条1、2項を存置し、自衛隊を憲法上明記するだけの新規定を付け加えるという新提案を行った。この新提案は、その後自民党内での紆余曲折を経て、2018年3月の党大会で自民党案として了承された。自民党は、この案を両院の憲法審査会に提案し、改正発議案とすることを狙っている。

安倍新提案の背景、狙い、そして新規定追加の法的意味と問題など、すでに様々に論じられているが、どのように新提案を解釈しても、そのような改正が実現すれば、日本国憲法9条の本来的内容、すなわち、侵略戦争と植民地支配の過去の反省のうえに、戦争の放棄、それを保障するための戦力不保持、交戦権の否認を規定し、平和国家の実現を通じて世界の平和と人類の福祉に貢献するということ、それと真逆の憲法的現実に道を開くことになろう。

「大学と軍事研究」というテーマは、科学者がどのように考えるべきか、どのように対処すべきかという問題として立てられている。これは、科学者に固有の問題として、解答が探られなければならない。とはいえ、この問題を生みだしている「今」の状況は、戦後日本社会の岐路ともいうべきであり、この社会の市民としての対応を同時に迫るものである。このことを視野におきながら、問題を考察することにしよう。

2. 直接の懸案としての「安全保障技術研究推進制度」

安全保障技術研究推進制度は、安倍政権の軍事に科学技術研究を結びつける政策としてつくりだされた。2013年12月17日の2つの閣議決定（「国家安全保障戦略について」、「平成26年度以降に係る防衛計画の大綱について」）は、「産官学の力を結集させて、安全保障分野においても有効に活用」し、「大学や研究機関との連携により、防衛にも応用可能な民生技術（デュアルユース技術）の積極的な活用に努める」と方向を示して、同制度の2015年度における予算化をみたのである。

直接の懸案である同制度の内容について、100億円をこえる規模となった2017年度および2018年度の公募説明資料を参照して論評してみよう。この制度を梃子にした軍学共同体制構築に対しては、全国ネットワークとして「軍学共同反対連絡会」が組織される（2017年2月）など、系統的で、かつ、有効な反対運動が展開し、また、後述する日本学術会議のイニシアチヴ（2017年3月「軍事的安全保障研究に関する声明」など）によって、防衛省も制度運用について一定の手直し的反応を示している。

「安全保障技術研究推進制度」の趣旨は、①「我が国の高い技術力は防衛力の基盤であり、技術の優位性の維持・向上は不可欠」であるところ、②「近年の技術革新の急速な進展により、防衛技術と民生技術はボーダーレス化」しているので、③「防衛技術にも応用可能な先進的民生技術（デュアルユース技術）を積極的に活用することが重要」であるがゆえに、④「防衛分野での将来における研究開発に資することを期待し、先進的民生技術についての基礎研究を公募」するものとされている。

当該制度の趣旨は、①で示されているように、まちがいなく日本の防衛力の基盤としての技術（つまるところ軍事技術）を確保することであるが、説明の論理をみると、応募者が自分の研究テーマは、決して軍事技術に関わるようなものではないと思うことができるように、工夫して組立てられている。そのキーワードは、「デュアルユース」と「基礎研究」である。デュアルユースとは、技術それ自体として軍事か民生かに分けることができず、相互転用・併用可能であるという意味である。応募者は、「私の研究は民生研究で、かつまた、基礎研究である」と自認しつつ、応募できる。その研究成果が将来応用研究によって軍事技術として活用されることがあるかもしれないが、これ自体は、当該応募研究者のあずかりしらないこと、という組み立て方である。

研究資金の出し元的見方をすれば、そのような迂遠な研究で研究投資効果があるのか、もっと直接的な軍事技術研究をターゲットにすべきではないかという議論がありうるように思われるが、むしろここでは逆に、できるだけ広く網をかけ、相手と摩擦の少ない方法で結びつきをつくり、軍事的な目的につながる研究一般への距離感・抵抗感を薄めていくという防衛省の研究者とりこみ戦略をみるべきであろう。

この戦略に関連するが、防衛省は、「研究成果の公表を制限することはない」、「特定秘密保護法にいう『特定秘密』を受託研究者に提供し、あるいは研究成果を『特定秘密』に指定することはない」（研究が「特定秘密」に関係すれば、研究の公開性が失われるから）、また、「プログラムオフィサー（研究の円滑な実施の観点から、必要に応じ、研究計画や研究内容について調整、助言及び指導を行う役割をもつ者、防衛省の職員が想定されている）が研究内容に介入することはない」、などを留意事項として強調している。通常の学術研究ならばまったく当然のことをこのような形で確認しなければならないことに、すでにこの公募研究制度の特殊な性格が示されている。

研究プロジェクトについては、公募の説明において内容をコメントした研究テーマが示されており（2017年度30件、2018年度28件、内容は変化している）、研究テーマと応募するプロジェクトのタイプの関連も記されている。応募は、提示された研究テーマとプロジェクトのタイプに沿って行われる。2016年度までは、3年以内の研究期間で、1年間の研究費が3900万円（タイプA）、1300万円（タイプB）といった中小規模のプロジェクトが公募されていたが、2017年度からはタイプSとして、期間5年間で年間最高額20億円までという大規模プロジェクトが付け加わった。さらに2018年度は、タイプBに変えてタイプCが設定され、とくに「独創的な着想に基づく」小規模研究を重要視する方針が打ち出されている。毎年度、応募状況に対応して制度の手直しが行われていることがわかる。

提示された研究テーマに人文・社会科学に関係するものは、今のところみあたらないが、大きくいえば、戦争も軍隊も人間がつくりだし、マネージするものであるから、人文・社会科学が本質的に軍事研究になじまないなどということはありえない。防衛省の「安全保障技術研究」のカテゴリーが、生命科学や理・工学の研究の把捉にとどまっているにすぎない。

研究プロジェクトの応募が審査によって採択されると、研究プロジェクトについて契約が締結される。この契約方式で注目すべきなのは、応募し、採択されたプロジェクトの研究者（受託研究者）と防衛省が直接に契約を締結するのではなく、防衛省が受託研究者の属している研究機関（大学、研究所、企業等）と研究委託契約を締結するということである。プロジェクトが共同研究として組まれている場合は、受託研究者の所属が分かれるので、プロジェクトのメインの研究者の所属する大学や研究所等が防衛省と委託研究契約を締結し、そのうえで他の共同研究者の大学や研究所等と再委託契約を締結するという方式である。

これは防衛省の側からすれば、当該研究プロジェクトについて受託研究者の属する研究機関に担保責任を求めていることになる。つまり、防衛省が委託したプロジェクト研究は、受託研究者の属する研究機関を契約当事者としてその下で行われる研究であるという位置づけになり、研究機関ぐるみ、大学ぐるみで防衛省との協力関係をつくりだすという意味をもつ。防衛省が期待するのは、もちろん、個別の研究プロジェクトの成果であるが、同時に研究機関との協力関係の構築であると考えられる。

他方で、こうした契約方式を前提にすれば、研究機関は、その責任上、所属する研究者が応募するに際して事前に研究機関の承認（同意）を求めることが通常となる。とすれば、個別の研究者の応募について、研究機関は、その研究内容が当該研究機関で実施することが適切かどうかを含めて審査し、チェックするということになりそうである。この契約方式は、このように、一方で防衛省の思惑と期待で基礎づけられながら、他方で研究機関によるチェックという、防衛省にとっての反作用を生む制度的可能性もあわせもっている。

安全保障技術研究推進制度の応募および採択状況は、２０１５年度以降、次頁の表の通りである（日本共産党藤野保史衆院議員の質問に対する防衛省の「安全保障技術研究推進制度に関する回答」から作成。https://www.jcp.or.jp/aik17/2018-01-15/20181150…）。２０１８年度については、５月末に応募を締め切り、審査を経て8月に採択結果が公表されている。下記の「大学等」は、大学共同利用機関と高等専門学校を含み、「企業等」は民間企業のほかに研究を主な目的とする公益と一

	2015年度	2016年度	2017年度
応募総数	**109**	**44**	**104**
大学等	58（53%）	23（52%）	22（21%）
公的研究機関	22（20%）	11（25%）	27（26%）
企業等	29（27%）	10（23%）	55（53%）
採択件数	**9**	**10**	**14** （うちタイプ S=**6**）
大学等	4	5	0（S=0）
公的研究機関	3	2	5（S=2）
企業等	2	2	9（S=4）

般の社団・財団法人を含む。

この表からすぐにわかることは、２０１７年度に大学等の応募の割合が激減し、かつ、採択件数が０になったことである。前2年度において大学等が応募件数でも、採択件数でも約半数を占めていたことに比して、大きな変化である。この変化には、２０１７年3月24日付で公表された日本学術会議の「軍事的安全保障研究に関する声明」が大きく作用したと思われる。同声明は、大学等に対して、そもそも軍事的安全保障研究、また具体的にこれを実施する「安全保障技術研究推進制度」には「政府の研究への介入」の懸念と危険が大きいので「問題が多い」と指摘し、軍事的安全保障研究についてガイドラインの設定などによる慎重な判断を要請した。「軍学共同反対連絡会」のニューズレター（№11）によると、これ以降、全国で30以上の大学が、今年は学内からの応募を認めないという方針を打ち出したという。日本学術会議の声明は、軍事のメインストリーム化の下で、軍学共同問題に直面した大学等に対して、科学者コミュニティにおける指針の提示の意味をもったのである。ただ注意すべきは、2018年度の大学等からの採択件数ゼロが文字通り大学等の関与ゼロを意味しないということである。採択された14件のプロジェクトのうち、4件について、大学研究者が分担研究者として、それゆえ大学が分担研究機関として関与しているからである。応募についても同様に、大学研究者がメイン研究者として前面にでず、分担研究者に回るという形の共同プロジェクトが少なからずあると考えられる。

3. 日本学術会議の「声明」と科学者コミュニティ

防衛省の安全保障技術研究推進制度は、大学と科学者に対してこれにどう対応すべきかという問題を投げかけた。「わが国の科学者の内外に対する代表機関」(日本学術会議法第2条)である日本学術会議(以下学術会議)は、この問題への態度決定を問われることになった。学術会議は、戦後の発足に際して「これまでわが国の科学者がとりきたった態度について強く反省し、今後は、科学が文化国家ないし平和国家の基礎であることの確信の下に、わが国の平和的復興と人類の福祉増進のために貢献せんことを誓うものである」と声明し(1949年1月22日第1回総会での声明)、これを踏まえてさらに「戦争を目的とする科学の研究には絶対に従わない決意の表明」を行った(1950年4月28日第6回総会)。それは「われわれは、文化国家の建設者として、はたまた世界平和の使として、再び戦争の惨禍が到来せざるよう切望するとともに、先の声明を実現し、科学者としての節操を守るためにも、戦争を目的とする科学の研究には、今後絶対に従わないというわれわれの固い決意を表明する。」と述べている。

これら初期の声明の趣旨は、1967年に、米軍の資金をえて日本の科学者が国際会議を開催するなど米軍と日本の科学者の資金援助関係が社会的問題となったことを契機にして、「軍事目的のための科学研究を行わない声明」によってあらためて確認された（1967年10月20日第49回総会）。それは、「ここにわれわれは、改めて、日本学術会議発足以来の精神を振り返って、真理の探究のために行われる科学研究の成果が又平和のために奉仕すべきことを常に念頭におき、戦争を目的とする科学の研究は絶対にこれを行わないという決意を表明する」と述べた。

草創期の学術会議の声明や決意表明は、憲法9条の下、新生日本の科学のあり方について学術会議の基本精神を表現しており、学術会議の活動はその精神に基づいておこなわれてきたと考えられる。政府は、「今」、軍事をメインストリー化する政策の下で、正面から軍事に関わる研究に積極的に公的資金を提供する研究公募制度を始めた。学術会議は、草創期以来の基本精神の下で、時代の変化に目を配りながら、この制度をどう位置づけるか、きわめて難しい応用問題に取り組んだのである。この問題の審議のために「安全保障と学術に関する検討委員会」が設置され、総会での一般討論を含めて、10か月におよぶ検討を経て、2017年3月24日に「軍事的安全保障に関する声明」を公表した。

声明の結論は、明快であった。第1に、上記した基本精神を表現する2つの声明を継承すること、第2に、科学者コミュニティの追求すべきことは学術の健全な発展であり、そのために歴史的経験を踏まえて研究の自主性・自律性および研究成果の公開性が担保されるべきところ、「軍事的安全保障研究」一般の問題として政府による研究者の活動への介入が強まる懸念があること、第3に具体的に防衛省の「安全保障技術研究推進制度」はこの観点から問題が多いこと、そして政府は学術の健全な発展の見地からむしろ民生分野の研究資金の充実を図るべきこと、第4に大学等研究機関は軍事的安全保障研究とみなされうる研究について、その適切性を審査する制度を設けるべきであり、学協会などもそれぞれの学術分野に応じて適切性判断のガイドラインなどを設定すべきこと、そして第5に研究の適切性について、科学者コミュニティの共通の認識を形成すべく今後学術会議としても率先して検討を進めていくこと、である。

この声明の全体のコンセプトおよび個々の論点の基礎づけは、別途公表された上記検討委員会による「報告・軍事的安全保障について」（2017年4月13日）においてみることができる。声明を含めて筆者の見立てによれば、全体のコンセプトのキーとして位置付けられているのは、科学者コミュニティの概念であり、草創期に知られなかったこの概念が草創期の基本精神を現代的に適用するためにセットされた(2)。

報告をみると、6つの論点が示され、さらに下位の論点で敷衍されている。その第一に挙げられているのが1「科学者コミュニティの独立性」である。以下、2「学問の自由と軍事的安全保障」、3「民生的研究と軍事的安全保障研究」、4「研究の公開性」、5「科学者コミュニティの自己規律」、そして6「研究資金のあり方」であり、これらの記述からは学術会議の審議プロセスにおいてどのような議論が交わされたかをうかがうことができる。

科学者コミュニティという概念は、報告で特に説明が行われているわけではなく、〈日本学術会議が代表する日本の科学者の総体〉の意味でつかわれている。したがって、その限りでは、統計上約85万人（２０１６年、総務省統計局調べ）と数えられる科学者の全体を捉える事実的な概念である。しかし、科学者コミュニティという概念で学術会議が議論を組み立てるとき、ここには２つの積極的な規範的な意義をみることができる。１つは、日本の科学者総体を学術会議が代表する一体の行動主体として、政府や社会に対して位置づけることであり、もう１つは、このような主体としてなすべきこと、つまり負うべき責任の提示と結びつけることである。いいかえれば、科学者コミュニティの概念は、政府や社会から独立した社会的集合的存在としての科学者およびそれと表裏をなす科学者の担う社会的責任を包摂する規範的概念（「そうでなければならない」という含意のもの）である。

「科学者コミュニティの独立性」が第一に取り上げられたのは、このようなコンテクストにおいて理解することができる。学術会議が国家行政組織の一部でありながら（行政権をもつ内閣の指示にしたがうべきところ）、独立して職務を行う（学術会議法第３条）とされるのは、この観点から基礎づけられうる。学術会議が出発時の声明で「反省」を表明した戦前から戦中の科学者のあり方は、まさに科学者コミュニティという存在、つまり、政府に対して独立であるべき存在が欠けていたことであった。

検討委員会報告は、このように科学者コミュニティを独立の主体として捉え、その使命と責務を論じるという論法をとる。そこでまず、科学者コミュニティがなによりも追求すべきことは「学術の健全な発展」であり、これを通して「社会からの負託に応える」ことであると大前提が置かれる

（「報告」１－３）。この大前提は、〈安全保障技術研究が国家と国民の安全を守る防衛力の強化に資するものであり国家・国民の利益にかなうという論理〉（国家の論理）に対抗して設定された学術の論理である。これによって、政府に対して独立に、「学術の論理」の判断基準から安全保障技術研究推進制度を批判的に評価することが可能となった。そして、学術の論理の柱として「学問の自由」が据えられ（「報告」２）、その要請として研究成果の利用についての科学者の責任履行（「報告」３「民生的研究と軍事的安全保障研究」）と「研究の公開性」（「報告」４）が位置づけられ、こうした自由と責任を担保するものとして「科学者コミュニティの自己規律」（「報告」５）がアンカーとされる。そして、国の「研究資金のあり方」に対して「学術の健全な発展」を考慮すべきことが注文されている（「報告」６）。

ここで科学者コミュニティの概念について、学術会議の従前の議論を踏まえながら、若干のことを述べよう[3]。科学者コミュニティは、scientific communityの訳語である。この概念を科学者のあり方論として学術会議で議論するようになったのは、１９９９年の「ブダペスト宣言」を機縁とする。ハンガリーのブダペストでユネスコと国際科学会議（ICSU）の共催で開催されたこの会議は、その成果をとりまとめて「科学と科学的知識の利用に関する世界宣言―21世紀のための科学・新たなコミットメント」を採択した。これは、科学のミッションを「知識のための科学：進歩のための科学」、「平和のための科学」、「開発のための科学」そして「社会における、社会のための科学」と定義し、具体的な課題を提示しつつ、「科学者コミュニティと社会との対話を促進する可能性を実現するため…あらゆる努力を惜しまないことを自らに約束するものである」と宣言している。この宣言は、世界の科学者の総体を科学者コミュニティというコンセプトでくくりだし、科学者コミュニティのミッションとコミットメントを世界の人々に対してアピールするものであった。

学術会議はその後、ブダペスト宣言の提起に対する積極的な評価を基礎に、日本の科学者コミュニティの課題やあり方を総合的、俯瞰的に提示するという活動を展開した。たとえば、2002年の「日本の計画」、2006年の「科学者の行動規範」、2008年の「日本学術会議憲章」、2010年の「日本の展望―学術からの提言」などがそれである。この文脈に位置づければ、今回の安全保障技術研究推進制度への対応は、科学者コミュニティ論の応用問題だったということができる。

ブダペスト宣言を受けた学術会議の上記の取り組みは、軍事研究問題を十分に想定していなかった。2013年に「科学者の行動規範」の改訂が、東日本大震災を受けて科学者の社会的責任のあり方をあらためて検討する趣旨で行われ、その際に科学研究の利用の両義性、デュアルユース問題が初めて取り上げられ、新たな行動規範として「科学者は、自らの研究の成果が、科学者の意図に反して、破壊的行為に悪用される可能性もあることを認識し、研究の実施、成果の公表にあたっては、社会に許容される適切な手段と方法を選択する」（第6項）が追加された。しかし、ここで想定されていた主要なケースは、民生目的の開発研究の成果のテロリズムや犯罪集団による悪用であり、国家による軍事的利用ではなかった。「破壊的行為に悪用」の解釈に国家の軍事的利用を含めることが不可能でないにしても、この段階では、軍事研究問題は視野に十分に収められていなかったのである。

科学者コミュニティは、ブダペスト宣言が「世界の」科学者の総体をコミュニティと意義づけ、学術会議が「日本の」科学者コミュニティを代表するように、グローバル、ナショナル、リージョナル（これはナショナルより広い場合と狭い場合の両方がある）、また、学術の領域に応じて、様々なレベルで成立するものである。科学者のあり方は、科学のあり方と同じように、どのようなレベルでも普遍的なものとして位置づけられるが、具体的なミッションが異なりうるからである。大学や研究機関、学協会なども、それぞれが独自の課題をもって科学者コミュニティとして成立し、グローバルな科学者コミュニティから個別研究機関のコミュニティまで、同心円的に多様なコミュニティが存在し、かつ、それぞれのコミュニティは、そのレベルに応じて自主性・自律性をもって活動する。学術会議の「軍事的安全保障に関する声明」は、ナショナルレベルの科学者コミュニティがそこに包摂される国内の種々の科学者コミュニティに対して、軍事的安全保障研究への科学者コミュニティのあるべき対応を共同の課題としてアピールしたというものである。

コミュニティは、本来、血縁や地縁などによる非契約的集団をとらえる概念であり、自発的な契約によって組織されるアソシエーションと区別される。大学等の研究機関や学協会は、この区別によれば、アソシエーションに属するといえる。他方、世界や日本の科学者の総体は、なんらかの契約的組織のメンバーとして関係づけられているわけではない。このようにみれば、科学者コミュニティという概念は、上記したように、〈社会のなかの科学者集団が政府と社会に対して独立の存在として活動し、かつ、学術の健全な発展を通じて社会に貢献する責務をおうべきものである〉という規範によって、科学者が科学者である限り、この規範的拘束を受ける共通の地位にあることを与件としているのである。

以上のような科学者コミュニティのコンセプトによれば、科学者コミュニティはどのようなレベルのものであれ、自主性・自律性をもったものでなければその役割に応えることができない。現実の問題は、企業等や政府の管轄下にある公的機関の科学者の地位である。これらの科学者も科学者としてより大きな科学者コミュニティのメンバーであるが、実際に現に所属する研究組織が科学者コミュニティとしての自主性・自律性を有するかどうかは、その組織の目的や運営方針に規定されよう。これらの科学者は、企業としての目的、国家・政府としての目的によって直截に研究の内容やあり方が規定されうるからである。

日本の科学者（統計上は「研究者」として集計されている）の所属別内訳をみると、企業57・4%、大学等38・0%、非営利団体・公的機関4・6%であり（2016年総務省統計局調べ）、約6割の科学者が科学者コミュニティのメンバーとしては、自主性・自律性に関して不安定な地位にある。学術会議の「報告」もこのことに留意し、今問われているのが「従来は軍事的安全保障研究にほとんど携わってこなかった大学等の研究機関において、軍事的安全保障研究が拡大・浸透することをどう考えるか」であり、「政府機関及び企業等と、学問の自由を基礎とする大学等の研究機関とでは、所属する科学者と機関・組織の関係が質的に異なる」から、「主として大学等の研究機関における研究のあり方」について検討したとしている（「報告」1－7）。

日本の研究開発費の主体別研究費をみると（総額17兆円、2014年度経産省調べ）、大学等研究機関が約2割、政府系公的機関が約1割、企業等が約7割を占めている。これをみても、人的構成と同様に大学等研究機関の比重は、相対的に大きくない。社会のなかで軍事的安全保障研究がどのように浸透し、どのような問題をはらみ、それが「学術の健全な発展」にどのような影響を及ぼしているか。日本の科学者コミュニティとして「軍事研究」問題に取り組むとすれば、大学等研究機関以外にも射程を広げなくてはならないだろう。

他方で、「学術の中心」として学問の自由を基礎に活動する自主的・自律的な科学者コミュニティである大学をしっかりと擁護し、「軍学共同」に反対することは、「今」という状況のなかで最重要の課題である。企業や政府機関の科学者も世界と日本の科学者コミュニティのメンバーであり、科学者として「学術の健全な発展」に責務をおうべき地位にある。そのような科学者としての規範意識を科学者としてのつながりを通じて強め、さらに日本の科学者コミュニティとしてなしうる措置やシステムを追求するためには、拠点として大学が日本の科学者コミュニティのなかで積極的な役割を果たすことがなによりも重要である。

4. 大学と科学者コミュニティ

日本の大学は、制度的に「学術の中心」として学術研究と高等教育を担い、学問の自由に基礎をおき自治を保障される組織であり、上述のように、科学者コミュニティの一態様としてとらえられる。これはいわば大学の理念像であるが、これを明確に「学術の論理」として敷衍し、軍事的安全保障研究に対置し、問題性を明らかにするというのが学術会議の声明・報告の論法であった。ここで軍事研究に対抗する堡塁としての大学のあり方をさらに立ち入って検討してみよう。

大学が「学術の中心」として法制度的に位置づけられること（教育基本法7条、学校教育法108条）は、「学術の健全な発展」をミッションとする日本の科学者コミュニティにおいて、大学が中心的な地位にあることを示すものである。「学術」の意義については、学術会議の2010年「日本の展望―学術からの提言」（以下「日本の展望」）において一定の概念整理が行われた。それによれば、「学術とは諸科学および諸科学の成果を社会に実装する技術の総体」であり、それゆえ、学術の用語には、本来的に諸科学・技術の総合的なバランスのとれたあり方および諸科学・技術の協働に対する規範的な要請が含意されている(4)。科学の用語は、個別の諸科学としてではなく総称として用いられる場合には、学術と同義である。日本の法令用語（官庁用語）は、「科学技術」を用いるが（代表例「科学技術基本法」、「科学技術基本計画」）、学術会議は、この用語が技術偏重の政策的表現であり（"science based technology" の意味である）、「科学・技術」（science and technology）におきかえるべきであるという勧告を政府に提示した経緯がある（2010年8月）。

学術は、「日本の展望」によれば、「学術のための学術（ないし科学のための科学）science for science」および「社会のための学術（ないし社会のための科学）science for society」という2つの本質的要素の統合である。「学術のための学術」とは、学術が真理の探究という目的以外のものに資するものではなく、それ自体によって社会的に意義あるものとされることを意味する。念のためにいえば、真理の探究は、科学の分野によって必ずしも同一の事柄を意味しない。自然科学における法則的真理と人文学における哲学的真理の異同についてはそれとして議論がありうるであろう。また、認識科学と設計科学という科学の目的による分類を認めれば、前者は法則を扱い、後者は規則・ルールを扱うことになり、真理の意義は異なりうる。しかし、学術＝科学の営みが、そのこと自体を目的にする営みとして存在意義を承認されるものであることは、諸科学を通じて普遍的な事柄である。

このように学術は、いわばそれ自体を自己目的として営まれる活動であるが、そのような自己目的化は、人類の歴史を通じて形成されてきた社会的な承認を基盤としている。そのような社会的承認は、近代憲法において「学問の自由」の保障として示されており、また、学術研究に公的資金が供与されることもその一環である。それゆえ、学術は、その営みにおいて、このような社会的承認に対する応答責任を自覚しなければならない。それが、「社会のための学術」の意味である。ここで「社会のため」は、社会的便益を増加させる有用性をもつという意味ではない。「社会のため」は、学術の営みの社会に対する関係のあり方を要請するものであって、学術における真理の探究という営みが原理的に人類社会の承認と負託によるものであることを自覚し、また、人類社会にとって学術による真理の探究がどのような意義と価値をもつものであるかのたえざる自省が必要であるということにほかならない。言い換えれば、学術の自己目的化は、学術の放恣的自由を決して意味するものではないということである。

「学問の自由」は、歴史的な経験に照らして、学術の営みが政治権力に抑圧され、あるいはその力に従属して動員され、また社会の特定の権力関係や利害関係に支配されるなどのことがなく、真理の探究という普遍的な目的のために行われることを保障する制度である。学問の自由は、まさに

「学術のための学術」が制約なく展開することを保障しようとするものである。それゆえ、上述の論理からすれば、学問の自由は、同時に「社会のための学術」という社会に対する応答責任を内在化するものであって、その自由には責務がともなうと考えなくてはならない。

学問の自由は、政治権力や社会的利害・権力関係からの自由であるから、これを守るために、科学者コミュニティが重要な役割をはたす。上述のように、大学に所属する科学者と企業に所属する科学者は、その属する組織が科学者コミュニティとして自主性・自律性を有しているかどうかにおいて差異が大きい。いいかえれば、学問の自由は、究極において科学者個人に帰属するものであるが、権力に対して自主性・自律性をもつ科学者コミュニティの存在がその自由の担保となっている。自由の担保について役割をはたす科学者コミュニティは、学問の自由に内在化する社会に対する応答責任についても、同様に役割を果たさなければならない。つまり、科学者コミュニティは、科学者の社会に対する応答責任を担保する役割を担うのである。こうして、科学者コミュニティは、科学者の自由と責任の双方において、科学者と社会を媒介して担保責任をおうのだと考えられる。

学術会議の「報告」は、「研究の適切性について、学術的な蓄積にもとづいて科学者コミュニティが規範を定め、コミュニティとして自己規律を行うことは、個々の研究者の学問の自由を侵すものではない」と述べている（「報告」2-2）。これは、軍事的安全保障研究に対応する科学者コミュニティと個々の科学者の位置関係を具体的に示したものであるが、その基礎となる一般的考量は、私見によれば、上述の通りである。

ここであらためて明確にすべきなのは、学問の自由についての科学者個人と科学者コミュニティの関係である。上述のように、科学者コミュニティは、学術のあり方に基礎をおいて、科学者個人の自由と責任を担保する役割をもつ。これは、思想および良心の自由や表現の自由のあり方と位相を異にするところである。憲法上も学問の自由の保障は、個人に属する自由の保障が並んだ、その後に独自に規定されている。この趣旨は次のように考えられる。つまり、学問＝学術的営みは、科学者相互間の交流、批判、評価などを媒介にして有意味に成立するという社会制度的な営みであり、それゆえ、学問の自由は、一方でこのような社会制度的な基礎のうえでの科学者個人の営みの自由、他方で社会制度的な基礎それ自体を保障するものだということである。学術研究が科学者の自主性と自律性に基づくこと、研究成果が公開されること、成果の評価が科学者コミュニティ内部の評価として行われること（いわゆる peer review）、そして研究の適切性について科学者コミュニティの自主的判断が行われうること、これらは、いずれも科学者個人と科学者コミュニティの相互関係を前提に学問の自由の要素として位置づけられ、このような全体の学術の営みの仕組みが、政府と社会に対して独立の科学者コミュニティのあり方として保障されなければならないのである。

科学者コミュニティの役割をこのように位置づける場合、自由と責任を担保する科学者コミュニティが政府と社会に対して独立であり、自主性と自律性をもつことは大前提であるが、同時に決定的なことは、科学者コミュニティが内部的な自治を保持すべきことである。このことは、科学者コミュニティとしての大学の現状を念頭におけば、とくに強調されなければならない。

大学は、学術研究の視点からみれば、科学者コミュニティであるが、加えて高等教育の担い手であり、科学者である教員、教員とともにプリミティブであれ真理を探究する学習に取り組む学生、そして研究と教育の実行を様々な形で支える職員によって構成される、自治を基礎とした「大学コミュニティ」ということができる。

大学において学生がどのような地位にあるかは、大学の理念に関わることである。しばしば近代大学の理念としてのフンボルトの「研究と教育の統一」が挙げられる。これは、教師が自己の研究に基づいて教育を行うという教師の活動の統一ではなく、学生の教育が研究のように行われることを趣旨とするものである。中世の大学における教育が教師の秘伝王伝的智識の伝授であったことに対して、学生の真理への独自の知的探求のプロセスとして教育を位置づけ、演習や実験、論文作成などを制度化したのが、この理念であった。それゆえ、大学は、学生を真理探究の自由をもつ主体として認め、大学の運営への自治的参加の主体として考慮すべきなのである。ここに近代の大学における教育の、それ以前との決定的差異がある。研究と教育の統一の理念は、アナクロニズムではなく、大学が大学として持続するための本質的な契機であるとしなければならない(5)。学生をもっぱら労働市場のニーズに対して養成すべき人材としてとらえ、大学における教育を専門実務的訓練に収斂する政策は、原理的に大学の社会的役割を貶めるものである。科学者コミュニティとしての大学は、同時に、こうした意味での大学コミュニティの存在と不可分なものとして位置付けられる。

大学コミュニティは、学問の自由を支える制度的保障として大学の自治をもつとこれまで考えられてきた（最高裁判所も憲法解釈としてこれを認めている。1963年5月22日判決）。大学の自治は、対外的な自治、つまり、政府や社会に対する自主性・自律性と、他方で、対内的自治、つまり研究者を中心とする学内諸階層の大学運営に対する自治的参加の両側面で位置づけられる。大学自治のあり方は、法制度的には大学に委ねられ、教授会の主要な役割や学生・職員の大学運営参加など、それぞれの大学によって制度や慣行が形成されてきた。

このような大学の自治的あり方は、安倍政権下の大学政策によって攻撃にさらされている。2014年6月の学校教育法の改正（2015年4月施行）がそれである[6]。同改正は、大学のガバナンス改革を目的として、これまで大学の自主的制度と慣行に委ねてきた自治的運営を法制度的に排除し、大学のトップである学長に大学の意思決定を専属させることを規定した。具体的には、改正前に大学には教授会をおき「教授会は重要事項を審議する」と規定され、教授会の管理運営への関与のあり方が各大学に委ねられていたところ、改正によって教授会が学長の諮問機関とされ、それも必要的諮問事項が特定の教務関係事項（入学や卒業判定など）に限定され、一切の審議決定権を有しないことが明確化された。

大学のガバナンス改革を主導した論理は、企業経営的視点である。第1に、既得権者である教授が構成する教授会は社会のニーズに適応するスピードのある、身を切る改革に不適切であること、第2に、大学の社会に対する責任を負うのは学長であり、教授会ではないので、責任主体が決定主体とならなければならないこと、そして第3に、大学も企業と同様にトップダウンの経営が求められていること、である。このガバナンス改革の論理は、上述の大学コミュニティ論を正面から否定する。というのは、学長がすべての決定権と責任をもつ大学は、教員・学生・職員によって担われる学術研究と高等教育の大学の本質的営みを、学長の管理の対象物として位置付け、学長を先頭にする共同の営みというあり方を排除するところに成り立つからである。大学コミュニティ論に代わってガバナンス改革論が示している大学像は、「学長＋ステークホルダー」論である。改革論の説明を参照すると、大学の学生、職員、そして学外の学生の父兄、さらには大学に関心を持つ企業も社会の市民も、等しく大学のステークホルダー（利害関係者）と位置付けられ、多様なステークホルダーに応分の配慮をおこなって大学経営の責任をとるのが学長とされている。

文科省は法改正後、各大学が改正法の目的にそって大学の管理運営の規則類の変更を行うべきことを指示し、点検した。しかし、大学の管理運営は、これまで大学の自主性に委ねられ、教授会を中心的な機関として行われてきたことから、形式的な管理運営規則の改正によってただちに「学長＋ステークホルダー」論のような大学の管理運営が日本の大学全体に貫徹されているとは考えられない。それぞれの大学において法制度は法制度として、実質的に大学コミュニティ論に近い大学運営を行っている大学も少なくないと思われる。

とはいえ、法制度として大学コミュニティ論が明確に排除されたことは、大学の科学者コミュニティとしての役割に作用を及ぼしうる。また、なによりも、大学の自主性と自律性の発揮が学長の判断・決定のみにかかるという制度は、政府権力の圧力、社会の特定利害関係からの圧力に対する大学の抵抗力を大きく弱めることになりうる。この事態は、改正法にかかわらず、大学の自主的な慣行を維持し、あるいは、発展的に形成し大学の自治的な力を強めるための大学コミュニティの活動を要求している。とりわけ科学者コミュニティとしての教員集団の果たすべき役割は重要である。

5．大学政策の論点と科学技術政策との関係

学術会議の「報告」は、「研究資金のあり方」を柱の論点としてとりあげた。国を出所とする研究資金のなかで、軍事的安全保障研究に配分される資金が増加することは、それ以外の研究分野の資金調達を圧迫する可能性があり、まさに、「学術の健全な発展」を阻害しうるからである。また、安全保障技術研究推進制度に応募した研究者の応募理由として自分の研究テーマについて研究費が不足していることがあげられていた。防衛省の資金であれ研究のために手が出るほどほしい、という研究者の状態があるとすれば、理念によって研究者の規範意識に訴える力も弱くなる。

大学の財政問題は、少なくとも平成の時代、一貫して大学政策上の深刻な課題であり、かつ、あり続けている。日本の高等教育の費用負担構造の特徴は、すでに長く、国際比較によって、公財政支出の割合の小ささと家計負担の大きさとして知られている。ＯＥＣＤ23カ国の平均では、公財政支出がＧＤＰ比１・１％のところ、日本が０・５％である（２０１３年度文科省教育指標の国際比較。また高等教育の費用負担の公財政支出の割合は、日本が34％、ＯＥＣＤ加盟国平均は70％である。ＯＥＣＤカントリーノート２０１７年版）。

このなかで、日本の公財政支出は、国立大学が中心であり、私立大学への助成は極めて限定され

たものである（2018年度予算3154億円）。私立大学への助成は、憲法問題（89条による公の支配に属しない教育などの事業に対する公金の支出禁止）をクリアして1975年に私立学校振興助成法が制定され、道が開かれた。同法は、経常的経費の2分の1までの補助を認めているが、補助率は1980年の29・5％を最高にして、現在では10％を割り込み、さらに原則であるべき一般補助に対して特別補助の比重が増えている。つまり、基盤経費補助から、競争的申請によるプロジェクト補助に重点が移りつつある。

日本の高等教育は、学生数からすれば、7割以上を私立大学が担っている。公財政支出のひずみ（総量の小ささと国立大学重視）によって、日本の私立大学の授業料は、世界最高と評されている（OECDカントリーノート2017年版。アメリカは奨学金の給付によって相殺される）。高等教育に対する社会的ニーズに応え、大学における教育と研究の質をよくするためには、教育・研究条件を改善する基盤的経費の充実が根本問題であり、OECD並みのGDP比1％を実現することが大学関係者の長年の共通の要求である。しかし、大学改革は、枠づけられた財政のなかで、より高い生産性と効率性を求める「制度」の改革に終始し、コストパフォーマンスをあげることが要求されている(7)。

国立大学法人制度は2004年度から始まったが、法人化の背景には、財政問題があった。大学側の動機には、頭打ちになりこれ以上の拡大を望めない国立大学特別会計（国立大学の毎年度の予算および大学の授業料や病院からの収入が一括して管理され、かつ、年度をこえた予算管理が行われる）の枠を突破するというものがあった。法人化の積極的理由づけとして、法人化による国立大学の経営と財政における自主性の拡大がもちだされた。しかし、国立大学法人化問題は、もともと、行政改革の手段であった独立行政法人制度（1999年に独立行政法人通則法が制定される。イギリスのエージェンシー制度がモデルになった）を国立大学にも適用するという政策プランが出発点であり、したがって眼目は公的サービス供給の経営的手法による効率化にあった。大学側は、独立行政法人通則法の直接適用に対して、大学のミッションからしてなじまないことを論拠に反対し、文科省もこれに応じて最終的には大学の特別の事情を勘案した国立大学法人法を制定（2003年）することで決着したのである(8)。

法人制度のもとで、たしかに渡切り交付金としての運営費交付金制度は、費目にしばられるこれまでの予算制度にくらべて大学の財政的自主性をたかめた。しかし、国費の投入についての政府の国民に対する説明責任を担保するという理由に基づいて、大学が政府（文科大臣）の指示と承認を要件とする6年間の中期目標と中期計画にしたがって大学を運営する制度が導入された。この「中目・中計」と略称される6年計画は、毎年の実施計画と実績評価によって詳細に具体化され、その後の財政措置に連動させられる。

渡切り交付金としての運営費交付金と中期目標・中期計画を基軸のセットにした国立大学法人の運営は、「仕切られた自主性と効率化」のシステムというものになった。運営費交付金の算定については、大学の自主性に対して大学経営の合理化と自主財源の拡大が期待され、2006年度から効率化係数（2011年度から「大学改革促進係数」に変更）として毎年1％を削減する方式が採用された。その結果として、法人化初年度の2004年度の運営費交付金総額1兆2415億円は、2017年度に1兆925億円と減少し、減少額は1490億円となり、初年度に対して12%強の削減率である。とくに自主財源（第三者資金など）に恵まれない中小規模の地方国立大学において運営費交付金の削減は、大学の使命である教育・研究の人的物的条件整備において大きな支障を生み出している。

中期目標・中期計画の制度は、文科大臣が目標を指示し、これを受けて大学が計画を作成し、大臣が承認するというスキームの下に、実質において大学が自主的に作成し、文科大臣がそれを承認するというプロセスで成立する。とはいえ、その作成のための視点や基準の提示、さらに作成経過におけるチェックなど、文科省の大学に対する指示・指導の関与は大きい。文科省は、財務省に枠づけられる予算制約のなかで、メリハリを利かせた運営費交付金の配分というお題目のために、手を変え品をかえて、大学側の競争的申請にかかる事業プロジェクトを用意し、大学側はこれへの対応に追われ、申請が認められるかどうかに一喜一憂する。このような仕組みのなかで、「大学は社会変革のエンジン」と位置づけられて改革が求められる（国立大学法人の第3期＝2016度－2021度＝に向けての文科省による「大学改革実行プラン」2012年6月）。

大学は、第3期の計画を準備するについて、文科省の「国立大学改革プラン」にしたがい、そのミッションを明確にすることを求められ、3択の選択肢を与えられた（2013年11月「国立大学改革プラン」）。第1に世界最高の教育研究を展開する、第2に強みのある分野での全国的な教育研究拠点になる、そして第3に地域活性化の中核拠点になる、の3択である。このような「種別化」は、大学の全体を上から政策目的にしたがって機能別化し、動員するというモチーフが根本にある。いわゆる「文系の危機」と世論が評した文科省の高等教育局長通知（２０１５年6月）も、同様のモチーフにでるものである。同通知は、第3期の中期目標に反映する組織および運営の見直しに関し、各大学に対して、人文社会系の学部・大学院の廃止や社会的需要の高い分野への転換を指示した。世論のおどろきに近い反発もあり、文科省は趣旨の説明に追われたが、通知自体が撤回されることはなく、所期の作用を営んだとみられる。

大学の機能（上記3パターン）に応じた種別化と大学の自主的選択は、大学を「自己改革」に取り組ませ、運営費交付金の重点配分を行うスキームの基礎となった（２０１５年6月「国立大学経営力戦略」）。また、「世界最高水準の教育研究活動を目指した大学運営」を目指す「指定国立大学法人」も競争的な種別化を推進する制度である（２０１７年度開始、東北大学、東京大学、京都大学、２０１８年度に東京工業大学と名古屋大学が追加指定された。指定による便益は、大学経営についての規制緩和と学長裁量経費の積みましである）。国立大学法人に始まった種別化自主選択の政策は、いまや私立大学も含めて大学政策の一般的基準として位置づけられつつある（２０１８年6月「中教審大学分科会将来構想部会の中間まとめ」）。

仕切られた自主性とは、枠組みの設定によって選択が強制され、自主的に選ばされることであり、上から用意される大学改革の手段として機能しうる。なるほど、枠組みの設定は、自主性に基づく大学相互間の競争が透明性をもって公平に行われる条件である、と理由づけることが可能である。しかし、その枠組みの設定が大学の本来のミッション達成に資するものか、あるいは、政府の目標とする政治課題のために使われるものか、これが問われるべき問題として残る。そして、大学は、これを問う自主性をもちえていない。

国立大学法人の仕組みが「上から」の入力の作用する「仕切られた自主性」というものであるとすれば、「国家の論理」(軍事研究国益論)にどこまで対抗できるかという危惧が大きい。そもそも、国立大学法人制度の仕組みは、はたして、大学の自主性・自律性を発展させ、学術研究と高等教育を充実させるものとなっているのかどうか。国立大学法人制度の出発から第3期を経れば(通算18年)、検証の素材は十分に積みあがる。国際比較的な視点から見て、日本の国立大学法人は、大学の自主性・自律性を保障する制度として機能しているかどうか、総合的な検証が必要な時期にきていると思われる(9)。

大学政策は、科学技術政策と密接な関係をもつ。科学技術研究は、大学でのみ行われるわけではなく、うえで見たように、量的な比重でいえば、科学者の員数でも、研究費の総額でも、大学はマイノリティである。しかし、大学は、「社会変革のエンジン」と政策的に位置づけられるように、科学技術研究おける推進力として(高等教育による人材養成とならんで)大きな役割が期待されている。

科学技術研究の推進については、1995年の科学技術基本法の制定によって5年ごとの科学技術基本計画の策定を基本とした体制がつくられている。同法の所管は1956年に設置された科学技術庁(科技庁。総理府の外局)であった。科技庁設置に際して、「科学技術」は「人文科学のみに係るものおよび大学における研究に係るものを除く」とされた。つまり、大学は、文部省(当時)の所管として大学政策の対象、それ以外の科学技術研究は科技庁の所管であり、科学技術政策の対象と区分けされた。科学技術基本法の制定の動きは、同法案の1961年および1968年の国会上程にさかのぼる。それゆえ、1995年の制定は、約30年越しの課題であった。学術会議は、1961年、1968年のいずれの場合も反対の立場を鮮明にして、「科学研究基本法」を対案として提示し（基本法のもとに、さらに人文・社会科学、基礎自然科学、技術などの振興のために具体的内容をもった法律を制定することが構想された）、その制定を政府に勧告した。

1995年法が施策の対象を「科学技術（人文科学のみに係るものを除く）の振興」（第1条）と規定したのは、以上の経緯を反映している。科技庁の「科学技術」の所管範囲に比べると、1995年法は大学の科学技術研究を含むことになり（第6条）、適用範囲を拡大した⑽。学術会議は、2010年8月の政府への勧告において、科学技術基本法第1条の施策対象の規定から丸括弧の部分を削除し、同法をもって学術の全分野の均衡のとれた発展を推進するものとして改正すべきことを提案したが、政府の応答がないままである。

2001年からの中央省庁再編に際して文部省と科技庁が統合され文部科学省となった。同時に、内閣府に首相を議長とする総合科学技術会議が設置され（それまで総理府に置かれていた「科学技術会議」を廃止）、同会議は、関係閣僚（官房長官、科学技術政策担当相、総務相、財務相、文科相、経産相）のほか、有識者が加わり（学者と財界人、学術会議会長は ex officio にメンバーとなる）、科学技術基本計画の審議・作成にあたり（ここからの答申が閣議決定される）、かつ、科学技術振興の司令塔としての役割を果たすものとされた。このころ、学術会議は、総合科学技術会議との関係を位置づける必要に迫られ、両者の関係を科学技術振興のための「車の両輪」と位置づけた。総合科学技術会議は、2014年に総合科学技術・イノベーション会議と名称を変更し、日本経済の産業技術的ブレークスルーを目指したイノベーション戦略が強調されることになった。

科学技術イノベーションは、安倍政権の成長戦略の柱である。第5期科学技術基本計画（2016年1月閣議決定、計画期間2016年度－2020年度）は、日本を「世界でもっともイノベーションに適した国」にすることを通じて「超スマート社会＝Society 5.0」を実現することを課題に掲げた。第5期計画は、そのPDCAサイクル（Plan, Do, Check, Action）の実行のために、毎年度、科学技術イノベーション総合戦略を策定することとし、2018年度について6月に「統合イノベーション戦略」が閣議決定されている。

第5期計画がかかげた「超スマート社会＝Society 5.0」とは、狩猟社会、農耕社会、工業社会そして情報社会の次に来る社会であり、その定義によれば「必要なもの・サービスを、必要な人に、必要な時に、必要なだけ提供し、社会の様々なニーズにきめ細やかに対応でき、あらゆる人が質の高いサービスが受けられ、年齢、性別、地域、言語といった様々な違いを乗り越え、活き活きと快適に暮らすことのできる社会」である。この定義の表現だけをみれば、差別のないダイヴァーシティの保障される社会、乳幼児から高齢者まで社会保障制度が充実した社会を目標とするかのように思われるが、この社会の目標としての設定は、科学技術イノベーション、つまり、IoTやAI、クラウド、ドローン、自動走行車、無人ロボットなどの「最新テクノロジー」の開発を促進し、そのビジネス化（「創業」）によって国際競争力を強め、「統合イノベーション戦略」の記述を使えば「アベノミクスの持続性を担保」することが狙いである。Society 5.0というコンセプトは、未来社会的スローガンとしてはともかく、そもそも学術的検討に耐えうるものなのかどうか。

「統合イノベーション戦略」(以下「戦略」)は、「知の創造」の基盤として大学を位置づけ、改革によって「イノベーション・エコシステム」(イノベーションに適合する生態系)をつくりだすことを要求している。「戦略」は、大学の発展を少なくとも建前上の課題とする大学政策ではなく、成長戦略に科学技術をいかに動員するか、さらにこの科学技術振興(イノベーション)に大学をいかに使うか、の科学技術政策として策定されているから、大学に対する課題設定は、遠慮会釈のないものである。例示しよう。

イノベーション・エコシステムの創出のためには、なによりも大学の「経営環境の改善」が目標とされる。具体的に、第1に、戦略的な大学経営のために多様な見識を活用できる体制をつくることを目標に、「2023年度までに研究大学における外部理事を複数登用する法人数を2017年度の水準から倍増」する。ここで「研究大学」とは、上記の運営費交付金の重点配分において「卓越した教育研究型」を選択し重点支援された16国立大学法人を指している。大学政策における機能別種別化は、このように、エリート大学に絞って科学技術政策に囲い込む戦略に結び付いた。外部理事の登用は、大学政策の一般論からすれば、市民社会の要請や見識を大学運営に反映するチャネルとして位置づけられえないわけではない。しかし、ここで狙いとされるのは、大学改革に向けての学長のリーダーシップを促し、大学の既存のあり方を変え、科学技術イノベーションに全面的に協力する大学の体制つくりである。

第2に、民間資金など外部資金を拡大できる経営基盤の形成に向けて「2025年度までに大学・国研（国立研究機関）に対する企業の投資額を2014年度の水準の3倍」にする。企業の投資は、企業間の競争を前提とし、対象である大学も、研究テーマも、企業の取捨選択にかかる。企業投資の増大は、大学の学術研究・高等教育のミッションのバランスのとれた実行に、ゆがみ・ひずみをもたらすおそれが大きい。大学にとっては、公費による教育研究の基盤的経費の拡大充実こそがもっとも望ましい。大学に対する公費支出のあり方を改善することなく、いわば兵糧攻めの状態において企業投資を増大させる政策は、大学の公共性—社会の特定利害に奉仕しない—を擁護する観点から、無条件で推進すべきものではありえない。

「戦略」は、これにつづいて、人材の流動性を高めること、若手などの活躍の機会を拡大すること、研究生産性を向上させること、大学の国際化・大型産学連携を進めることなどを目標としてあげ、具体的な目標数値を提起している。それぞれが大学にとっていかなる意味をもつ改革課題であるかは、さらに検討が必要である。明確なことは、いずれにしても「戦略」において、大学が科学技術政策展開の場所、手段として位置づけられていることであり、同時に、科学技術政策がアベノミクスという特定の政権の経済政策の手段となっていることである。

この中で、大学のミッションそのものが、こうした政治的文脈を受け入れて位置づけられる。「教育振興基本計画」は、2006年の教育基本法の改正によって導入され、計画期間を5年間とし、教育全般についてその間の目標と施策群を示すものであるが、「第3期教育振興基本計画」（2018年3月中教審答申、6月閣議決定）において高等教育に期待されるのは、「人材育成と知的創造活動やイノベーション創造の中核」として、また、「地方創生の実現」のために役割をはたすことである。「人材育成と知的創造活動の中核」であることはたしかに大学の本来のミッションであるが、「イノベーション創造」と「地方創生」は、大学がそれに寄与すべきとされる特定の政治課題に他ならない。

6. おわりに

安倍政権の軍事をメインストリーム化する国家安全保障政策およびアベノミクスを支える科学技術イノベーション政策は、以上みたように、学術の中心として学術研究と高等教育を使命とする大学という社会的存在を改革の名において大きく変容させようとしている。科学者コミュニティと大学コミュニティは、理念によって支えられる自主的、自律的コミュニティとして、改革の圧力に対して、本来あるべきもののために、それを実現するために、役割を果たすことが求められている。大学の使命である学術研究と高等教育は、公共的なものであり、大学は社会全体に対して公共的使命を果たす社会的責任を負っている。政権の進める政策は、社会全体の利益を推進することもあるが、政権維持のために、特定の社会的利害に規定されるものでもある。大学コミュニティそして科学者コミュニティは、自主性・自律性をもってそれに対応し、社会にとって普遍的な存在であることを示しうる条件をつくりだしていかなければならない。

（1）これについて、池内了『科学者と戦争』岩波新書、2016年6月、池内了／青井美帆／杉原浩司編『亡国の武器輸出』

合同出版、2017年9月を参照。

（2）日本学術会議の「声明」および「報告」の意義と作成関与者としての自己理解について、小森田秋夫「軍事研究に関する日本学術会議の2017年声明―その意義と残された課題」『15年戦争と日本の医学医療研究会会誌』第18巻2号、2018年5月、1-10頁、佐藤岩夫「日本学術会議『軍事的安全保障研究に関する声明』（2017年3月）について」『法と民主主義』2017年6月号32-35頁を参照。小森田氏は審議当時第1部長、佐藤氏は検討委員会幹事。

（3）科学者コミュニティについて、広渡清吾「科学者コミュニティーと科学者の社会的責任」島薗進他編『科学不信の時代を問う―福島原発災害後の科学と社会』2016年5月、合同出版80-100頁参照。

（4）さしあたり広渡清吾「『日本の展望』プロジェクトが拓く展望」『学術の動向』2010年5月号90-93頁参照。

（5）大学の理念や本質論的考察について、コンラート・パウル・リースマン（斎藤成夫／斎藤直樹訳）『反教養の理論―大学改革の錯誤』法政大学出版局、2017年7月、ジャック・デリダ（西山雄二訳）『条件なき大学』月曜社、2008年3月、蓮實重彦／アンドレアス・ヘルドリッヒ／広渡清吾編『大学の倫理』東京大学出版会、2003年3月。

（6）以下について、広渡清吾「大学のステークホルダーと大学コミュニティー」『IDE現代の高等教育』2015年1月号11-16頁。

（7）矢野眞和は、大衆化と市場化のもとに日本の大学が陥っている状態を改革するために大学への公的支出の抜本的改善が必要であることを経済分析に基づいて主張している（『大学の条件―大衆化と市場化の経済分析』東京大学出版会、2015年12月）。

（8）国立大学法人化の経緯、制度および問題点について、大崎仁『国立大学法人の形成』東信堂、2011年9月参照。

（9）この間の大学政策をめぐる状況と問題点について、小森田秋夫「大学の今とこれから―進行する国立大学改革のなかで人文・社会科学の役割から考える」『経済』2017年6月号76-101頁、広渡清吾「大学の理念と大学の危機―地方における高等教育を考える」『北海道高等教育研究所ニューズレター』第5号（2016年11月15日）2-20頁、同『国立大学改革プラン』の役割―これでよいのか」『IDE現代の高等教育』2015年10月号22-26頁。

（10）以上の経緯について、日本学術会議編『日本学術会議50年史』日本学術会議発行、1999年。

対談：科学者は社会といかに結び付くべきか

益川敏英　香山リカ

香山：皆さん、よろしくお願いいたします。私、今日、益川先生とは初対面なので、これから益川先生に近づきたいと思うんですが、その前にちょっと自己紹介をいたします。私、今日は名古屋から来ました。日本精神神経学会という精神科医の一番大きな学会が名古屋大学の主幹でありまして、それで今週末ずっと名古屋にいまして、今日そちらからやって来たのです。そういう意味で名古屋からいらした益川先生と共通点がある。それで精神科医の私がどうしてこの軍学共同に反対しているかといいますと、これからの益川先生に聞く話とも関係しているんですけれども、私たち精神科医はいろいろと実は時代の流れに巻き込まれていて、後で考えたら精神科医として倫理が問われるようなあやまちを行ってしまったことがあったでのす。それはいくつもあるかもしれませんが、大きなことだけ紹介しますと、一つは皆さまご存じのナチスとの関係です。多くの方はナチスというと、ユダヤ人の虐殺ということでご記憶されていると思いますが、その前に実は障害者を、これはもうどこの国の人に関係なく20万人とも、もっと多いとも言われていますが、虐殺をしていたという「T４作戦」を実行しました。

このときはナチスのヒトラーからの指示で、障害者、特に精神障害者を中心に、ドイツの精神科病院に入院している患者さんからピックアップして、ガス室で虐殺したのです。そのガス室は、こともあろうにドイツの全国の精神病院、六つの精神科病院の中につくられたものでした。医師たちが、もちろんピックアップした人たちは虐殺されるのを知った上で、全国の病院から自分が診ている入院患者たちを選んで、だまして、病院によってはこれから今日はピクニックだと言ってバスで連れ出して、そしてこの六つの精神病院に運んで、ちょっと休憩しましょうということでガス室に送る、というとんでもないことをしていたんですね。

こうして、20万人ぐらいの障害者が虐殺されたところで、そのことに医師の中ではなく、外部のキリスト教の神父が気付いて声をあげた。でも、周囲の人たちもみんなうすうす気付いていたようです。満員のバスがある病院に毎日のように到着し、帰りはカラで出ていく。病院の煙突から毎日、煙が上がる。そういう目撃証言が後から出てきました。その神父の指摘をきっかけに社会問題、国際問題になりかけたところで、この作戦が終了になったんですよね。それを多くの精神科医たちは沈黙していた。この作戦に加担した精神科医の中で主謀者というか、関わった人たちは、戦後間もなく自殺をしたりとかした人もいましたが、多くは沈黙していったんですね。

それで、戦後は精神科医ではなくて、歴史家などが家族らの証言などを集めて、だんだんこのことが知られるようになった。そして、何と2010年になってからドイツの精神医学会が、「70年の沈黙を破って」というタイトルで、このことを公式に認めて犠牲者と遺族に謝罪したのです。2010年になってようやくですよ。精神科医も時代の流れにただ身を任せているとここまでの過ちを犯す。これが、私が軍学共同に反対する一つの理由です。

それからもう一つだけ。これは日本のお話です。日本では戦後、優生保護法という法律ができました。この法律の第一条には、〝優性上の見地から、不良な子孫の出生を防止するとともに、母性の生命・健康を保護することを目的とする〟とあります。これにより、本人の同意なくしても強制的に不妊手術を施行することができたのです。そのため精神科病院に入院していた多くの人たちが、断種手術を強制的に受けさせられました。女性も男性もです。本人の意思なくして、婦人科医などによって行われていたのです。これは90年代、２０００年代になっても実は行われていたという話もあります。このことに関しては、日本の精神科医たちの学会は、検証や謝罪を公式に行っていないんですね。

日弁連などからは、これはきちんと説明して謝罪や保障をすべきだというような勧告が出ています。当事者による裁判も始まっています。これにしても、精神科医たちは皆そのときは、よかれと思ったり、あるいはこれが最善の幸福や福祉のためになるんだと信じていたりでこういう恐ろしい行為に加担してきたのだと思います。

というようなこともありまして、この、医学と倫理の問題、特に戦争との関連という問題については、常に最高に慎重じゃなければいけないんじゃないかと思って、去年から、軍学共同に反対の会に私も加わって、いろいろ活動してきたということなんです。

自己紹介が長くなって失礼しました。さて、益川先生からご覧になって、今の時代ってどういうふうにお見えですか。現在の科学研究とか、現時点の政治状況とか、どこからでもけっこうですが、いまをどのようにご覧になっていますか。

益川：安倍首相になってから、一線を越したと思うんですね。それまでは確かに少しずつ解釈改憲は行われてきた。第二次世界大戦後、最初、占領軍のアメリカは日本を再び戦争できないような駐留国にする予定だった。そうしたら、中国の共産主義、朝鮮戦争、そういうことで、日本の反共防波堤としての役割に気がついたわけですね。それ以来ずっと、少しずつ憲法解釈を変えてきた。しかし、安倍首相の段階になって一線を画したと思うんですね。それまでは解釈改憲だったけれども、憲法そのものを変えようとしているわけですね。だから、われわれはそういう流れを、はっきりと抵抗というか、潰す必要が僕はあると思う。

香山：考え方が大きく、はっきり曲がり角を曲がったということですかね。

益川：憲法9条を解釈改憲ということでずっと来て、実質的に変えてきたんだけれども、安倍首相が言っていることはそうじゃなくて、解釈ではもう済まないところまで行っちゃっている。ただ、憲法9条を変えるわけには、そう簡単にいかないもんだから、9条に第3項をつける、そういうところに来ちゃっているんですね。だから、私は、一線を越えたので、われわれもあんまりのほほんとしとれない。だから、はっきりそれに対する指摘、明確な抵抗を示さなきゃいけない。

香山：益川先生がノーベル賞を授賞された2008年のときはまだそうではなかったということでしょうか。そのときは、時の宰相は誰だったんですか。

益川：麻生氏だったかな。

香山：ああ、そうですか。そのころとはやっぱり今はだいぶ違うということですかね。

益川：なめられとるんかなと思う。

香山：なめられている。科学者としてはどうなめられていますかね。

益川：明確に憲法9条を変えたければ、96条に変え方まで解説してあるわけですね。国会で3分の2の賛成を得て、国民投票によって過半数の賛成をもって変えられる。それと明らかに違うわけですね。だから、ちゃんとそこのところを一緒に考えなきゃいけない。

香山：だんだんだんだんそうなって行ったとすると、先ほど先生がおっしゃった曲がり角を曲がったみたいなことに気付かないわけですよね。何となく地滑り的に変わってきている。それで、先ほど広渡先生から、今の流れや学術会議の声明のお話をお聞きしました。その日本学術会議で去年から声明を見直すという検討委員会が立ち上がるときにも、科学者も自衛のための研究をするのは、むしろ科学者のある意味、社会的な責任なんじゃないかというような議論も巻き起こりましたが、その辺はいかがですか。

益川：一見、論理が通っているように見えるけれども、ごまかしなんですね。憲法を変えようとしているんだから、憲法96条の条文に従って、国会で3分の2の賛成を得て国民投票にかけるべきだ。それを9条に何というのか、僕は正確な言葉を知らないんだけれど、何か第3項をつけて。

香山：自衛隊を憲法で認める、という安倍首相案ですね。その中で、その学術会議の声明を見直して自衛のための研究をしていくなんていうのは、今、先生がおっしゃったようにごまかしているというか、まやかしでしかないということですかね。

益川：実際に、憲法9条というのは交戦権を認めていないんです。今から10年ぐらい前だと思いましたが、東シナ海に不審船が現れた。100トンぐらいの。大きな湖に浮かんでいる観光船、あれがだいたい100トンぐらいなんですね。そのときは自衛隊は撃てなかった。警告射撃で近くに止まれと。それでどうしたかというと、北朝鮮は自沈した。2000mの下へ沈めてしまった。

これで、分からんだろうと思ったんだけれど、日本はサルベージ技術がちゃんとしているもんだから引き揚げた。それぐらい憲法9条というのは戦争という問題に対し、明確な姿勢を持っている。これが邪魔なんでしょうね。基本的には交戦権は、自分のほうから積極的に鉄砲を撃つということ。そういう権利がほしいのだと思う。

香山：それで、科学もその中に時代とともに巻き込まれていくという話をさっき精神医学の例でさせていただいたんですけれど、この間、軍学共同に反対していると、いろいろな、「とはいえ現実はこうなっているじゃないか」「どうやって国を守るんだ」というような意見も、いろいろと言われました。例えば「自衛のための研究をするのがむしろ科学者の責任なんじゃないか」みたいな意見もありましたし、ある程度の軍事技術を備えるのが抑止力になるという意見もあります。それも繰り返し言われていることだと思うんですけれども、それについては、どのようにお考えですか。

益川：明らかにそれはまやかしだと思うんです。なぜかといったら、そういう研究が必要だったら、文科省に予算をつけて、そこで正々堂々と研究すればよい。それをここそことね。

香山：防衛装備庁の「安全保障技術研究推進制度」ですね。

益川：そんな訳の分からん項目で応募させて、それも初め10億円ぐらいだったのが、それが今は110億円で、そのうちに1000億円にしようとしているわけだ。それは明らかにごまかしだと思うんですね。本当にそれ、国のために必要なことだったら、正々堂々と国会で議論すればよい。

だけど、軍事研究みたいなことは、もう既に始まっているんですね。僕が驚いたのは、今から15年ぐらい前かな。人工衛星が飛んでいるときに、小さな流星が当たっちゃうと、それだけで人工衛星が壊れちゃうんですね。このことについて研究しようとした宇宙科学の研究者が、だいたい1㎞／secぐらいの物を金属の板にぶつけたら、どれくらいの穴があくかということを調べてやろうと思った。この装置を自分でつくろうと思ったんだけれども、ちょっと待てよ、大学というのはいろいろな研究科があるから、ひょっとしたら、そういうことを研究している人がいるかも分からんといって調べた。そうしたら工学部でちゃんとやっている人がいる。それがだいたい2㎞／secで、機関砲で鋼板を撃ち抜くほどのスピードなんですね。だから、実質的にはもう軍事研究に相当することは始まっている。

香川：それは今問題になっている防衛装備庁からの資金によってではなくて、いわゆる科研費で。その研究をやっている方は、自分の研究が機関砲で撃ち抜くというふうに応用されてしまうという軍事技術になって転用されるということは、意識してやっているのでしょうか。それとも意識せずに、やっていらっしゃるのでしょうか。

益川：研究者だから、だいたい想像がつくと思うんです。

香山：そこが問題だと思うんです。益川さんご自身も確か、科学者は新しい科学の発見がどのように使われる可能性があるかは、その科学者が一番よく知っているはずだとおっしゃっている。つまり自分の開発した、あるいは発見した知見が、将来どんなふうに転用されるか、社会の中でどう活用されるかは知っているはずというような書き方がありましたけれど、それは本当でしょうか。

益川：うん。研究者は、研究することが一番楽しいんです。ハーバーという人は第一次世界大戦の間に毒ガス兵器を開発した。彼は奥さんが反対したんだけれども、奥さんは自殺しちゃったのかな。けれどおもしろいからやっちゃうんです。僕はいつも言っているんだけれど、研究者というのは、中性なのね。

香山：中性というのは。

益川：中立といったらいい。

香山：ニュートラル、ポリティカルにニュートラルということでしょうか。

益川：軍事研究というのは、研究そのものはおもしろい。なぜか。矛盾という言葉がある。一方の研究がこれで絶対に打ち破られない盾を作ろうとする。そこに穴を開けようという矛を作る研究が他方にある。これは研究者としてみたらおもしろい。

香山：分かります。

益川：だけど、その研究者を、研究という側面だけじゃなくて、社会の中に連れ出していったら、ちょっと変わると思うんですね。たまには、今日は天気がいいから散歩に行こうと言ってだましてもいいから。

香山：社会に連れ出す、ということですね。そこは本当に難しいところです。この間、私もいろいろな方と話していて、例えばですけれど、今は医学とか、中でも工学的な研究をしている人で、脳にＩＣチップみたいなのを埋め込んで、そこに信号を送ると、その人にダイレクトに伝わる通信技術を研究をしたいとか言う人もいるわけですよ。でも、それが軍事的なことに使われた場合に、その人を外からコントロールすることに使われる可能性がある。すぐに軍事技術に使われないにしても、人間を外から信号でコントロールするなんていうことは、やっぱり倫理に反すると思う。そこで、それはやめたほうがいいんじゃないかとか危険だとか言っても、もうその人の学問的情熱が大きければ大きいほど、そういった危険性は考えられなくなっちゃうんですね。やっぱり今、先生が言ったように研究に夢中になってしまって、もっとやりたいと思う情熱を抑えられない。それが応用される危険性や可能性ということを見られない。もしかすると見ないようにしているのか、本当に見えないだけなのか、分からないんですが。その辺の社会性がいい意味でも悪い意味でも無い、という研究者が多いというのはどうしてでしょうか。

益川：やっぱり研究という側面だけにのめり込んでいるんですよね。だからだましてもいいからね。

香山：だます。先生のように、いろいろ若いときにいろいろな体験を、それこそ苦労も含めてされて、社会的な活動もおやりになって、それで研究職に就かれる方なんていうのはまだいいと思うんですけれど、今みたいに受験で本当に勉強だけしてきて、それで医学部とか工学部に入って研究している人なんかは、自分がやっている研究が、純粋に科学研究をしていると思ってやった結果、軍事技術としてやっぱり使われてしまう可能性というのに、なかなか気付けないですよね。

益川：人って放っておいたら、研究をしているだけが一番おもしろいの、研究者は。だから社会の中に連れ出して。

香山：やっぱり連れ出す。どこに連れ出せばいいんですかね。

益川：だから、だましてもいいから。

香山：やっぱりだますんですね（笑）。

益川：今日、天気がいいから散歩に行こうやって。

香山：先生は誰にだまされたんですか。

益川：永田忍さんという核理論の先生にだまされました。日本海の久美浜というところで、原発反対の集会があるから行ってくれと。そんなところ行ったこともないので、行くなんて嫌だと言ったら、そうしたら、おまえが行かなければ、忙しい俺が行かなきゃいけない、と言って脅す。それでしょうがないから行ったら、完全に賛成派と反対派と真っ二つに久美浜町というところを二分して大騒動になっていた。

で、その後、３回ぐらい行った。一番最初は一人で行った。その後で原発反対の調査団の人たち、30人ぐらいの専門家を連れて行きました。

香山：じゃあ、最初はだまされて脅されて行ったけれど、行ったらこんなことが起きているんだというのに気付いて、それから自発的に行かれるようになった。なるほど、ただ、今、そういうふうに大学で教員が学生を、社会的な場面に連れ出そうとすると、政治的に偏ったことをやったとかといって、大学当局からとがめられたり、あるいは社会問題化して新聞に出てしまうこともあります。

益川：名古屋大学は国会で問題になりました。

香山：平和憲章のときですか。
益川：運営費交付金をもらっているのに、名古屋大学は平和憲章なんてつくるかと。
香山：名古屋大学は1987年でしたっけ、戦争を目的とする研究や教育は行わないという平和憲章を作った。あれは大学じゃなくて、教職員と学生による平和憲章でしたか。
益川：一応、過半数の賛同を得て、名古屋大学の憲章になっているんですね。
香山：大学の公的なものではないですよね。平和憲章委員会という別の組織が制定されたはずです。いまはそういう動きに対して、「国から交付金をもらっている国立大学が国の方針に従わないのか」と言われがちです。
益川：いかがなものかと。
香山：そこはどういうふうに切り抜けたんですか。
益川：そんなことはね、陰でこそこそ言うのは一番けしからんですね。2008年のノーベル賞受賞講演のときに、戦争の話をした。『僕はこうして科学者になった』という本の中にも書いている。
香山：たしかお父さまが苦労して家具工場をやってらしたのに、「自国が引き起こした無謀で悲惨な戦争で無に帰したと」おっしゃったんですよね。
益川：そうしたらね、反対の声が聞こえてきた。直接僕のところに来て言ってくれれば、正々堂々と議論します。こっそり言うのが一番けしからんですね。
香山：だから憲法の問題でも、先生は堂々と論じなさい、とおっしゃる。解釈改憲や第3項をこっそり付け加えるというようなやり方が、先生はいちばん好きじゃないんですね。でも一方で、研究者はだまして社会に連れ出せ、とおっしゃる。そこはだましていい、ということに対する先生の論拠は何でしょうか。

益川：散歩に連れ出すのはいいんです。

香山：散歩というのはうそじゃないですものね。

益川：だからその先は、本人がどう考えるかというだけであって、意見を押しつけているわけではない。

香山：散歩に行こうと思って気付いたら何か国会前に行っていたとか。なるほど。そうですね。そこで国会前というのはちょっと極端にしても、研究者に社会と触れさせて、ああ、社会ってこうなっているのかとか、あるいは自分の技術がこんなふうに転用されることがあるのかというふうに、目覚めていくというか、気付いてくれたらいいですね。

益川：日本では労働組合はナショナルセンターに乗っかっちゃったんですね。基本的には総評が潰された。そうした状況の中で僕が感心したのは、ママの会というのかな、金曜日の、あれはおもしろい。

香山：安保法に反対するママの会ですね。

益川：ああいう運動は、たぶん日本になかったんだと思う。必ず金曜日にね。

香山：毎週、金曜日は原発の反対集会をやっています。先生がおっしゃるのは「首都圏反原発連合」の人たちの国会前抗議、原発に反対している人たちや市民のことですね。「ママの会」というのは、毎週ずっと抗議活動をやっているわけではないみたいですけれども、全国で戦争法反対、野党共闘などで活躍しています。

益川：たぶんああいう運動形態というのは日本になかったような気がする。

香山：そうですね。

益川：毎週金曜日のこの時間にここでやっているから、いろいろな人が来てくれる。

香山：そうです、そうです。あれは本当に3・11以降、原発のことや秘密保護法、安保、共謀罪があって、いろいろ反対する人たちが集まっている、誰が正式なメンバーかもはっきりしないんですよね。こうした集まりを、先生が今センターとおっしゃったけれど、まさにそれに対抗して、クラウド化しているなんて言いますけれども、別に上部組織があって命令が下に下っていくとかもなくて、本当に今どきのネットの、ああいうSNSとかLINEとかで呼びかけられた人が集まる。お互い本名もよく知らずに、ネットのあだ名みたいなもので呼び合ったりもしている。本当に先生がおっしゃったようにそのときに行ける人が行くというふうな、いわゆる緩い集まりなんですね。

益川：これまでにない新しいグループじゃないですか。

香山：出入りも自由なんですよ。

益川：リーダーもいない。

香山：そういうことです。だから、誰がリーダーかというのも、とりあえずは何となく役割分担はあるけれども、そんなに強制的ではないという形ですね。あと先生にお聞きしたかったのは、例えばそれで自分がつくったり発見した技術や科学的知見が軍事に応用されそうと気づいたときに、科学者が自分がつくった技術をそう使わないでくれというふうに口をはさむということはできるのでしょうか。

益川：そのことが一番最初に起こったのは、研究者達が原爆をつくった時ですね。

香山：アメリカのお話ですね。

益川：原爆を作った人たちは、自分たちが発見してつくったんだから、当然それを使うことに対して発言権があると思ったんですね。ところが、政府という、政治組織というのは、そう簡単には動かないということを現実問題として知らされたんです。

香山：例えば今の防衛装備庁は、30の応募があったと。もちろんそれらはすべて基礎研究で、水の中で魚がどうすれば一番速く泳げるかとか、例えばそういう研究なんですが、それが将来的に、じゃあ、何かいわゆる魚雷みたいな軍事技術に転用されていったとき、最初に基礎研究した人が、私が始めた研究をそんなふうに使われるのは困ります、と異議を申し立てるのはやっぱりむずかしいのですね。

益川：政治というものはそんな感じのものではないですね。自分が考案したんですから、自分たちにどういうふうに使うかを決める権利があるかといえば、そうでない。政治というものはそういうものだということを正確に認識すべきなんだね。

香山：それは誰がどこで教えるべきだと思われますか、先生は。どの段階で。

益川：僕はこういうところだと思う。

香山：こういうところ。こういう集会など、ということですね。では、こういうところにもっと若い方が来ていただくしかないですね。それはだましてやっぱり、こちらのほうに連れてくるんですかね。私も学生に接しているので、どうやって、その人たちに社会に目を向けてもらったり、第二次世界大戦のときのアメリカの軍事研究転用の話などの歴史的事実を知ってもらったりするか、いつも本当に苦労しているんでけれど。

益川：70年代の学生運動が非常に悪いんです。それまでは何はともあれ、いろいろな思想があるんだけれど、一応学生はそうした話に乗ってきた。それが85年ぐらいになったら、学生はそういう話をすると乗ってこないんだね。自分が研究していることと、その周辺にあるものを含めて考えるという操作を切り離している。

香山：どうやってつなぐ、接続するかということは、それは科学者のやるべきことですか。それとももっと違う教育の何か。

益川：やっぱり科学者が。

香山：科学者がやるべき。

益川：科学者というか先生というか。

香山：先輩や先生が、後輩とか学生に、こうしたことを伝えていくということですかね。今後、これからに対しては、先ほど、曲がり角を曲がったというお話でしたけれど、そうやって教えていけばみんな気付いて、引き返せるはずと思っていますか。それともちょっと悲観的に思われていますか。

益川：多少悲観的。

香山：〝多少悲観的〟とは？。

益川：先生が教えるという問題ではなく、学生自身なんですね。私は60年安保の時代なんですが、自分から非常に幼い内容だけれど、議論をしたんですね。昔は寮でも8人ぐらいいた。そこで語らないことを、ばかにされた。

香山：なるほど。

益川：今は、そういう学生同士が議論する場所もない。

香山：昔はそうした議論の場に自発的に学生寮がそうなったけれど、今はそういう場所を設けなきゃいけないわけですね。

益川：先生が学生に一方的に教えることじゃない。自分たちで議論する。自分たちの仲間で議論するから、だんだん入っていける。

香山：そこの火種みたいなものは、でも、やっぱり今の時代はどこかから議論をさせるような場をつくるとか、そのきっかけをつくるというのは、やっぱりどうしても誰かがやらないといけないわけですね。自発的にはなかなか難しいかもしれないですけれど。ではもうそろそろお時間なんですが、最後におっしゃりたいことはありますか。

益川：僕は反論するほうのタイプです。何かを言われればそれにお答えします。

香山：じゃあ、せいぜい私たちもいろいろ若い人をだましして、とにかく連れ出しましょう。現実はいいですよね、やっぱり。ネットの状況は、若い人はたくさん見ていると思うんですが、散歩に連れ出して現実にやっぱり触れさせないといけないということですか。

益川：そういう生の声を聞くというのは、だいぶ違うんですね。

香山：じゃあ、ネットにこもっているような人をちょっと連れ出すというようなことが大切なんですね。私の進行もうまくなくてあまり先生の話を引き出せなかったかもしれませんが、時間ですので、これで終わりにさせていただきます。

対談を終えて

香山リカ

益川敏英先生との対談の日、実は私には私服警官が2名帯同していた。そう言うとおだやかではないが、目的は私を警護するためであった。実はその直前にインターネットのＳＮＳに私の自宅住所が書き込まれたため、不測の事態を避けるための措置だったのだ。

そのような事情もあり私はかなり緊迫した心境だったのだが、会場に到着して益川先生のおだやかな笑顔を見た瞬間、心がほぐれていくのを感じたのだ。

言うまでもないが、益川先生は２００８年のノーベル物理学賞の受賞者である。私はノーベル賞受賞者に直接、お目にかかるのは大江健三郎氏に次いで2回目であり、もちろんそれなりの緊張はあった。しかし、これまた言うまでもないことだが、私は物理学の徒ではない。そういう意味では先生の業績の偉大さを適切に評価することもできず、それがかえってよかったのではないかと思う。対談では、あまり遠慮することもなく、一般市民の立場で思いつくままにいろいろな質問をすることができた。

印象的だったことがいくつかある。

まず、益川先生ご自身は、決して最初から「科学者の社会的責任」という問題を考えていたわけではない、ということだ。対談の中でも語られるように、先生は「私はだまされた」とユーモラスな言い方をしている。原発反対の集会に指導教員のかわりに行くように、と命じられ、なんの先入観もなく出かけたところ、町を二分する大騒動になっていることがわかった。そこで自分たちがかかわっている核理論の研究が、社会ではこういう結果をもたらすのだと気づき、多くの研究者をその〝現場〟に連れて行ったり、運動に参加したりするようになったとのことだった。

「散歩に行こう、とだましてもいいから研究者を外に連れ出せ」という益川先生独特のメッセージに、私は大笑いしながらも「なるほど」と心の中で深くうなずいたのだった。

しかし、そこで重要になるのは、そういった社会の〝現場〟を見たときに、「これはたいへんなことだ。私の研究はこういう結果をもたらすのだ」と社会性に目覚めるセンサーではないだろうか。もしかすると、指導教官から「自分のかわりに行ってくれ」と言われてそうしても、若き日の益川先生にそのセンサーがなければ、「大勢の人たちが騒いでいるな」で終わったかもしれない。

では、「これはたいへんだ」と気づくセンサーはどうやって与えられるのか。

その問題を私は対談のあと、ずっと考えていた。「だまして連れ出す」ところまではうまくいっても、そのセンサーがなければ「なんだ、だまされた」で終わってしまうかもしれないからだ。あるいは逆に、「だまされた」が恨みにかわり、社会性に対して心を閉ざす研究者も出てくるかもしれない。

実は、そういう動きも一部で見られる。

産経新聞社のオピニオン誌に月刊『正論』というのがある。その2018年5月1日に発売された6月号に、「大学政治偏向ランキング」なる論考が掲載されたのだ。著者は理系の研究者である、筑波大学准教授・掛谷英紀氏（メディア工学）だ。

理系の学者らしく、掛谷氏はまずデータの集計と分析を行う。2015年に結成された「安全保障関連法に反対する学者の会（以下・『学者の会』と表記）」の声明に賛同の署名をした1万4261名の大学人や研究者について、所属先や専攻といった属性を分析しようと試みたのだ。この「学者の会」は、言うまでもなく集団的自衛権を認める安全保障関連法の成立を学者として危惧した佐藤学・学習院大学教授（教育学）や中野晃一・上智大学教授（国際政治学）、山口二郎・法政大学教授（政治学）らが呼びかけ人となって設立されたものだ。抗議声明の発出にとどまらず、メディアでの発信、集会、シンポジウムと多岐にわたる活動を行い、現在も続けている。

掛谷氏が1万5千近い署名を分析した「所属大学上位30校」の上位10校は、東京大学、立命館大学、京都大学、早稲田大学、明治大学、慶応義塾大学、北海道大学、立教大学、名古屋大学、中央大学だ。いずれも日本を代表する大学であり、ネットには「東大や京大は〝政治偏向大学〟だから行くなということだな」と失笑する声も広まったが、さすがに掛谷氏もこういった大学は「教員数が多く、実数が大きい」としてそれ以上の考察はやめる。

そして次に、行われたのが「全教員数に占める署名した教員の比率」の算出である。そのトップ10校は、立教大学、東京外国語大学、佛教大学、立命館大学、獨協大学、一橋大学、日本福祉大学、福島大学、龍谷大学、東京学芸大学だ。そこには私立大学、国立大学、首都圏の大学、関西圏の大学などさまざまな大学の名前が見られるが、何か一定の傾向があるかといえばそうも言えない。ただ、掛谷氏はこう考察している。

「1位の立教大学、3位の佛教大学をはじめとして、宗教系の大学が上位に多いことが分かる。宗教系の大学は、その性質上、学問の価値中立が希薄になりやすいことは、ある意味自然なことかもしれない。その一方で、東京外国語大学や一橋大学、福島大学などの国立大学も上位に位置していることは注目に値する。」

つまり、ふたつの分析から何らかの意味のある結論は導き出せなかったということだが、掛谷氏はこう述べるのだ。

「学問が本来の機能を果たすためには、政治的に中立でなければならない。にもかかわらず、学者が自ら『安全保障関連法に反対する学者の会』のような政治運動を主導するとは、私は学者の一人として全く信じられない思いだった。普段、大学の自治や学問の政治的独立を声高に主張する人々が、自ら学者の名で政治運動にコミットすることの矛盾は、まともな理性の持ち主なら気づかぬはずはない。ところが、この運動に一万人を遥かに超える学者が署名を寄せたのである。」

これは、益川先生の主張のまったく対極にあるものだ。対談の中で益川先生は、研究者は自分の研究成果が社会でどう活用されるか、そこにも目を配らなくてはならないと語り、「研究者だから、だいたい想像がつくと思うんです」とも言って、科学者の理性、感性に信頼を寄せていた。ところが、掛谷氏（1970年生）は、社会の中でアクションを起こすことじたいが「全く信じられない」と言うのである。

また、益川先生は「研究者はもともと中性、中立」だとして、むしろ「それではいけない」と強調する。今度は先生の言葉から引用しよう。

「軍事研究というのは、研究そのものはおもしろい。なぜか。『矛盾』という言葉がある。一方の研究がこれで絶対に打ち破られない盾を作ろうとする。そこに穴を開けようという矛を作る研究が他方にある。これは研究者としてみたらおもしろい。」

つまり、益川先生の意見は先の掛谷氏とは逆で、「研究者はもともとは中立」であり、だからこそ「社会の中に連れ出す」必要があるということだ。繰り返すまでもないが、対して掛谷氏は、研究者が中立であるためにも「安保法制に反対する学者の会」といった社会的、政治的活動からは身を遠ざけるべきだ、と主張する。

私自身は、益川先生の意見に賛成する。多くの研究者や学者は、自分が研究していることと社会でリアルに起きているできごととに関連がある、という視点すら失いがちだ。これは個人的な経験なのだが、私の知人で人種差別についてフィールドワークなども行いながら、長年、研究している学者がいた。その人は当該の分野では大きな業績を残している第一人者だったのだが、あるとき私はきいてみた。

「先生の研究はすばらしいものだし、私も著作を何冊も読んだ。でも、いくら先生が差別の原因や歴史について書いても、実際にいまの日本ではヘイトスピーチ・デモなど民族差別を声高に叫ぶ人たちがいたり、韓国や中国に敵意をむき出しにし、そこに暮らす人びとを不当におとしめる本がベストセラーになったりしている。そういった現状を見て、自分のやって来た研究は何だったのだろう、とむなしくなるようなことはないのですか。たいへん失礼なもの言いで申し訳ないのですが。」

するとその大御所の学者は、きょとんとした顔をしてこう言ったのだ。

「私の研究と、世の中でヘイトスピーチ・デモやその類の本が増えたことと、何か関係があるのですか?」

私は、その人が現状に胸を痛めていなかったことに安堵しながらも、「ここまで現実のできごとに無関心でよいのだろうか」と矛盾を感じてしまったのも事実だ。

先ごろ、京都大学は同大における「軍事研究に関する基本方針」を公表した。そこにはこうある。

「本学における研究活動は、社会の安寧と人類の幸福、平和へ貢献することを目的とするものであり、それらを脅かすことに繋がる軍事研究は、これを行わないこととします。」

つまり、すべての研究や学問はただその領域の発展のためにあるのではなく、あくまで「社会の安寧と人類の幸福、平和へ貢献すること」のためにある、ということだ。これは医学や工学などのいわゆる実学だけでなくても、哲学や文学、法学などの人文系も数学や基礎的研究を含んだ理系も同様であろう。学問は何のために行うのか、と言われたら、その答えは「おもしろいから」「知らないことがわかるのは楽しいから」ではなくて、やはり「人々や社会を幸福なものにしたいから」でなくてはならないのだ。そのためにも、先の掛谷氏の言うように「学問の中立のために政治や社会にはかかわらない」という態度ではなく、やはり益川先生が語ったように「社会の中に連れ出されていく」ということが学者や研究者にとっても必要なのではないか。

自民党議員やジャーナリストらが学者、研究者に支給される「科学研究費」をやり玉にあげ、「科研費が反日の人たちのところに使われている」「税金が反日学者に使われていいのか」などと雑誌やネット放送、さらには国会質疑の場で述べられ、それが一般の人たちの中にまで拡散されていく、というできごとが起きた。先の月刊『正論』には、「あの反戦学者の研究には、いくら公金が？ 徹底調査 科研費ランキング」という論考も掲載された。少しでも「社会に連れ出され」、権力に疑いの目を向けたり平和の大切さを知って軍事研究への参加に異議を唱えたりする学者に「反日」というレッテルが貼られ、公権力を持つ政治家と連動しながらメディアが攻撃を加える。そういう時代が訪れているのである。

「大学の自治」や「学問の自由」を私たちはどう守るべきか。そして、ともすれば社会の問題への関心が薄くなりがちな研究者たちを、どうやって「外に連れ出していく」ことができるのか。大きな問題が私たち大学人の前に横たわっている。

最初の話に戻るが、警官の警護がついたあの日であったが、身辺には何も問題はなく、私は益川先生との対話におおいに励まされ、明るい気持ちで会場をあとにすることができた。先生の笑顔とともに、あの日のことを楽しく思い出すことができる幸せをいま、しみじみかみしめている。そして血気盛んに若い学者や学生に「どんどん外を見よう。自分の研究がどう世に生かされているかに目を向けよう」と呼びかける益川先生の励ましの言葉を胸に、私は今後も、大学や研究室という閉じられがちな世界とリアルな社会を結びつけるための発言、活動を続けていきたいと思うのだ。

科学者の社会的責任についての考察

丹生淳郷

1．日本科学者会議（JSA）の「研究者の権利・地位宣言」「倫理綱領」文書作成の過程と到達点

「日本軍国主義の下で科学的精神を堅持し、良心の灯をともし続けたがゆえに治安維持法にもとづく弾圧をこうむり、精神的にも肉体的にも数々の恥辱・汚辱を味わった科学者・技術者仲間」（長田好弘、「日本の科学者」、2016．Vol．50（12）、P．35）が、科学者の戦争責任への反省を原点に、民主主義と学問の自由を求めて民主主義科学者協会（民科：1946年1月）を設立した。この伝統を引き継ぎ、日本科学者会議（JSA）が、全国組織として1965年12月に設立された。

JSA会則前文に「わたしたちは、日本の科学の進歩と平和・独立・民主主義・人々の生活向上のために努力してきた科学者の伝統をうけつぎ、科学の発展を妨害するものとたたかい、科学を正

しく発展させ、科学者の責任をはたすため、専門別、地方別などのわくをこえ、世界観や研究方法のちがいをこえ、日本の科学者の誇りと責任の自覚にたって、日本科学者会議に結集します」と定め、その目的として、①日本の科学の自主的・民主的発展につとめ、その普及を図る②科学者の生活と権利を守り、研究条件の向上、組織・体制の民主化、学問研究と思想の自由を守る③科学の各分野における相互交流と国際交流④科学の反社会的利用に反対し、科学を人類の進歩に役立てる⑤後継者の育成、などを掲げている。

ＪＳＡ科学者の権利問題委員会（委員会）は、上記前文と目的を実現するための諸活動を行ってきた。活動の初期には、主として科学者の権利・地位侵害の発掘と支援活動を行い、その成果として内外の文献を集積して解説を加えた「科学者の権利と地位」（水曜社：１９９５年）にまとめ、さらに、これを具体的な運動に活用するために「科学者・研究者・技術者の権利白書」（水曜社：２００１年）として出版した。これらの出版活動において討議を重ねる中で、科学研究を健全な形で発展させていくためには、研究者（自然科学・人文科学・社会科学の研究者や技術者を包括する語として、委員会で討議し数次の会合で広く意見を求め合意を得て「研究者」とした）の地位と権利を確立するとともに、研究者の倫理を明確にすることが必須であるとの合意に達し、そのための文書づくりの集団討議と実践が、幅広い研究領域の研究者を組織する日本科学者会議にとって、重要な科学者運動であると位置づけられた。

文書づくりは、２０００年から「研究者の権利・地位、倫理」文書づくりの討論が開始され、ＪＳＡ内外からの参加者も交えた総合学術集会分科会、研究会やシンポジウムなど20回以上の集団討議が重ねられた。文書案は、４次案まで作成され、第36回大会（２００５・５）で、〝現在討論を進めている「研究者の権利・地位宣言」および「研究者の倫理綱領」の成案にむけて準備を重ねる〟ことが承認され、さらに２００６年の第37回定期大会で〝正式な採択を求め、内外に発表する〟ことが決定された。１年間の会員間の討論の結果、委員会とＪＳＡ事務局からなる「研究者の『権利・地位と倫理』合同会議」でまとめられた最終案は、第42期第４回常任幹事会で、〝会員の中に十分な合意が得られていない〟との判断から、第38回定期大会（２００７・５）においてＪＳＡの大会報告「研究者の『権利・地位と倫理』についての報告」として公表された。

「研究者の『権利・地位と倫理』についての報告」は、前文で、学問研究の意義と目的が世界の平和と人類の福祉の増進に寄与することが社会的合意となっていることを踏まえ、それに携わる研究者は固有かつ重要な社会的責任を負っており、その責任を果たすためにはそれにふさわしい権利と地位が保障されるべきことを明らかにしたうえで、研究者が持つ専門的な知識や技術が世界の平和と人類の福祉に貢献する半面、用い方によっては人類に死活的な負の影響を与える事実を教訓とし、研究者が専門的職能集団として、あるいは個人として、社会に対して固有の道徳的責任（倫理）を負っていることを述べている。そして、研究者がその社会的責任を果たす上で、それにふさわしい権利と地位を求め、同時に自らの倫理を確立しようと努めてきた先人の歴史的所産を継承し、これをさらに発展させるために作成されたことを述べている。

このように、本文書は、従来の歴史的文書のように、「科学者の権利・地位」と「倫理」が別々のものでなく、対になっていることが大きな特徴となっている。

「研究者の権利・地位」では、①基本的人権の保障②真理の探究と真実の公表③人道に反する研究の拒否・反対④良好な研究条件の享受⑤身分保証⑥公正な評価⑦大学の自治と研究機関の自主的運営⑧後継者育成、を挙げている。特に③項では、「研究者には、軍事研究、人の健康や安全を損なう研究、あるいは生態系に悪影響を及ぼす研究などの人道に反する研究を拒否し、反対し、告発する権利がある」と述べ、Ｖｅｒ．４では、「現在、大学の中には自衛隊との共同研究を行なっているところもあり、研究の成果が軍事的に利用される恐れがあります。また、それほど公然としていない場合でも、結果的に軍事研究に結びつく恐れのある場合もあるので、研究者は自らの研究が軍事に利用されないよう、細心の注意をはらうべきです。とくに研究費の出所がどこであるかについては、細かくチェックしなければなりません」と警告している。防衛省の安全保障技術研究推進制度に対する日本学術会議の２０１７年3月の新声明を先取りした内容ともなっていることに注目されたい。「倫理」では、①平和と福祉への貢献②科学・技術の発展への貢献③研究成果の社会への還元④不正行為の排除⑤自己研鑽⑥公正な評価⑦人権侵害の排除⑧国際性の尊重⑨科学的精神と知識の普及⑩科学的態度の継承⑪国民との連帯、を挙げている。特に①では、「研究者は、世界の平和と人類の福祉に貢献するという科学研究の意義と目的を自覚して研究を行う。人道に反する研究は行わない」とし、「国際紛争の激化を加速する研究、特に、核兵器を含む軍事研究はすべきでない」と厳しく軍事研究への関与を戒めている。

このように、「研究者の『権利・地位と倫理』についての報告」は、公表から10年以上経過しているが、今日の情勢を予見し、わが国の研究者の立ち位置と進むべき道筋を示している。ユネスコは、１９７４年第18回総会で、科学研究者が人類の平和と福祉の増進において重大な社会的責任を遂行するにあたり、その権利と地位を保障することを加盟国に求めた「科学研究者の地位に関する勧告」を採択し、その改定作業を２０１３年から開始し、２０１７年11月に約40年ぶりにそれを改定した「科学と科学研究者に関する勧告」を採択した。ＪＳＡ科学者の権利問題委員会は、ユネスコ勧告改定にあたり、この「研究者の『権利・地位と倫理』についての報告」の英訳をユネスコ事務局に送付し、改定勧告に貢献した。ユネスコ改定勧告は、「Ⅳ．研究における権利と責任」16（a）（iii）において、「科学研究者は、プロジェクトの倫理的、人類的、科学的、社会的または生態学的な価値に対して自由かつ公然と意見を表明し、科学技術の発展が人類の福祉、尊厳及び人権を損なう場合、あるいは「二重使用」（Dual Use）である場合、これらの懸念を自由に表明し報告する権利と責任があり、彼らはその良心がそのように指示した場合には、それらのプロジェクトから撤退する権利を有する」と定めている。直接的に軍事研究とは表現していないが、当該研究が軍事目的も利用される可能性がある「二重使用」である場合、科学研究者の当該研究に対しての懸念の表明と公表の責任、さらに、消極的ではあるが当該研究からの撤退の権利を定めている。そして、同項（ii）において、この責任と権利の行使を促進するための仕組みを作ること、ならびにそれを行使したために受ける可能性のある不利益（報復）から科学研究者を保護することを求めている。

2．日本の学術界の「科学者の社会的責任」を巡る態度

科学者の社会的責任が表明された歴史は比較的浅く、20世紀の2度の大戦中、特に第2次世界大戦において、毒ガスや化学兵器、細菌や担体動物を利用した生物兵器、そして究極の大量殺りく兵器である原子爆弾が科学研究者の手により開発され、使用されたことへの深い悔恨と反省から始まったことは、よく知られているところである。ノーベル物理学賞を受賞したフランスのジョリオ・キュリーらにより、ヨーロッパの科学者を中心に1946年7月に設立された世界科学者連盟（世界科連）は、創立直後から平和擁護や核兵器の問題を取り上げ、従来にはない全く新しい科学者運動を展開し、1948年9月の第1回総会で「科学者憲章」を採択（執筆者は副会長のジョン・バーナル）、その中で次のように述べている（日本科学者会議編「科学者の権利と地位」、水曜社、1995年、p．23）。

「1　科学者の責任

科学が善用されるか悪用されるかによってもたらされる結果はとくに重要であるため、科学という職業には、市民の普通の義務についての責任のほかに特殊な責任が伴う。とくに、科学者は、公衆が近づきがたい知識をもっているか、またはそれをたやすくもつことができるので、かかる知識が善用されることを確保するために全力をつくさなければならない。これらの責任は、科学者が個人的または集団的に負っているものであるが、それらは次のように要約することができる。

(1) 科学にたいして

i 科学研究の健全性の保持、科学的知識の抑圧や歪曲への抵抗。ii 科学上の成果の完全な公表。iii 人種的ないしは民族的な障壁をこえて他の科学者と協力すること。iv 基礎科学と応用科学の均衡を正当に考慮して科学の発達を確実にすること。

(2) 社会にたいして

i 科学、とくに自分自身の分野における科学が、当面の経済的・社会的・政治的諸問題にたいしてもっている意義を研究すること、及び、かかる知識が広く理解され実行に移されることを確保するため努力すること。ii 飢餓や病気と闘い、平等にすべての国々の生活と労働の条件を改善するため科学を使用する新しい方法をさがすこと。この場合、究極的に同じ目的をもつすべての組織および個人と協力すること。iii 公共行政のすべての分野を研究し、科学的方法が十分に用いられることを確保するようにつとめ、またこの分野における科学の進歩のもつ意義を国民と政府が常に知らされているようにすること。

(3) 世界にたいして

i 科学の国際的性格を維持すること。ii 戦争の根底的原因を研究すること。iii 戦争をふせぎ平和のための安定した基礎を築くことを求めている勢力を援助すること。iv 科学者の努力が戦争準備の方向に転換されることにたいし、とくに科学が大量破壊の手段を提供することに使われることに反対すること。v 非合理主義・神秘主義・人種的差別・権力の賛美などのような反科学的思想によって鼓吹された運動に対抗すること。」

世界科連のこの「憲章」は、国際学術連合会議（ＩＣＳＵ）の「科学者憲章」（１９４９年）や、その後の科学者の権利・地位や社会的責任・倫理に関する考え方に大きな影響を及ぼした。

1）戦前の国家総動員体制下の学術界

ふり返って、戦前におけるわが国の科学者の状況を概観する。第１次世界大戦（１９１４－１９１８年）開戦直後、日本は日英同盟を口実にドイツに宣戦布告して参戦した。この時期から、大学の研究者が技術指導のために軍に協力し始めたといわれている。光学兵器や航空機の研究では東京帝国大学が、金属材料では東北帝国大学が、化学製品の研究開発には京都帝国大学などが積極的に関わった。後に原爆研究を行うことになる理化学研究所も１９１７年に創立されたほか、第１次世界大戦から満州事変（１９１４～１９３０年）に設立された研究機関は実に43を数えることができる（髙木秀男、「近代日本の教育政策と科学技術体制　上」、科学堂、２０１１、ｐ．３３６）。そして、１９３７年７月の日中戦争がはじまると、思想・言論の統制が強められ、戦時体制が急速に強化されていった。同年９月には軍需工業動員法が発令され、翌１９３８年には国家総動員法が可決・公布された。国家総動員法において科学動員に関しては、第25条で、「政府は必要に応じて総動員物資の生産若しくは修理を業とする者または試験研究機関の管理者に対し試験研究を命ずることができる」とし、第37条で「違反者に対して罰金に処する」と規定した。文部省の研究補助は従来の年間５－７万円程度の科学研究奨励費から、１９３９年には科学研究費交付金として一挙に３

00万円、1941年度には570万円、1944年度は1,870万円となった。この時期（1938－1942年3月）、国によって逓信省航空試験所をはじめ40以上に上る軍事技術や資源確保のための試験研究機関が設立された。さらに、1941年12月8日、日本が太平洋戦争に突入し、一層戦時体制が強化されると、国により軍事研究を主とする研究機関が京城帝大、東工大、東北帝大、九州帝大、北海道帝大、名古屋帝大、台北帝大、大阪帝大、京都帝大、東京帝大などに大学附置機関として続々と設立され、陸軍・海軍の研究所とともに軍事研究に邁進した（髙木秀男、「近代日本の教育政策と科学技術体制　下」、科学堂、2011、p.605）。この時期の科学研究費は、1940年から1944年にかけて、先に述べた文部省科学研究費交付金の他に日本学術振興会研究費が120万円から300万円に、陸海軍の臨時軍事費中の研究費が約1億円（1942年）から約3億円（1945年）と大幅に増額された（池内了、「科学者と戦争」、岩波新書、2016、p.23）。

戦後、日本学術会議「学問・思想の自由保障委員会」が1951年に会員選挙有資格者から任意で選んだ2000名に研究の自由に関する書面調査を実施した結果は実に興味深い。当時は戦後も間もないころで、連合国の占領下にあり科学技術分野の一部での研究制限や占領軍へ毎月の報告が求められるなど外部的制約が強く、物資や資金も極端に乏しいなど、研究条件は悪く、生活も困難であった。「いつが最も自由に研究ができたか」との質問に、1930年から5年ごとに区切って回答を求めたところ、回答者1,961名中、日中戦争中の1930年からの5年間と、1935年からの5年間を上げたものが最も多く各々43％であり、太平洋戦争中の1940年から1944

年をあげたものも13％（255名）いた（小沼通二、「学術の動向」、2017・7、p.15）。池内は、「これは、戦争中においては科学の軍事動員のため研究費が国家から比較的潤沢に提供されたことの現れだろう。そして、この結果は研究費の高さと研究の自由が等置されていると推察される。科学者は研究費さえ潤沢に保証されるなら、何のための研究であるかを考えることがないのかもしれない」（池内了、「科学者と戦争」、岩波新書、2016、p.45）と危機感を表している。

国家総動員法下における科学動員により戦時中の殆どの科学者は、積極的あるいは消極的にせよ、軍事研究に携わった。いくつか例を挙げれば、理化学研究所の仁科芳雄は陸軍と共同で「ニ号作戦」として若手研究者の玉木英彦、嵯峨根遼吉（いずれも東京帝大）、菊地正士、伏見康治（いずれも大阪帝大）らとともに濃縮ウラン製造の研究を行い、京都帝大の荒勝文策は湯川秀樹、坂田昌一（いずれも京都帝大）らとともに海軍と組んで「F号作戦」のもとで原爆開発に従事した。レーダー開発は、仁科、菊地、嵯峨根らが中心となった。マイクロ波放出装置（マグネトロン）の開発実験には、朝永振一郎、宮島竜興、小谷正雄ら若手研究者が従事した（池内了、「科学者と戦争」、岩波新書、2016、p.24-25）。筆者は、科学動員された自然科学者が、戦時中、軍事研究に対する批判や反省などを述べた事実を知らない。筆者の仙台の高校時代の化学の教師が、戦時中、理研の仁科研究室で原爆開発に携り、〝あと2年あれば日本でも原爆の製造に成功しただろう〟と述べ、〝敗戦後、直ちに関連資料を焼却処分、関連機材を東京湾沖に廃棄した〟と、授業中に話してくれたことが忘れられない。

2）日本学術会議を中心とした戦後の学術界の戦争に対する態度

科学者の倫理・社会的責任がもっとも鋭く問われなければならない課題は、戦争に対する態度である。なぜならば、戦争こそが人間の尊厳を否定し、人の生命、権利・財産、環境を破壊する最たるものだからである。１９４８年のユネスコ総会に「平和のために社会科学者はかく訴える―戦争を引き起こす緊迫の原因に関して、八人の社会科学者によってなされた声明―」が提出された。これに示唆を受けて、わが国で50数名の人文科学者・社会科学者・自然科学者の平和問題の討論集団が組織された。１９４８年12月に東京で7つの部会による平和問題討論会が行われ、東京地方自然科学部会で仁科芳雄は以下の様な報告を行った。以下、正確を期すために小沼論文を引用する。「……人類に大なる災害をもたらしたこれまでの戦争に対して、われわれは、自然科学者が少なくとも一半の、しかも重大な責任を有することをはっきり表明したい。特に、日本の場合、自然科学者は、極端な国家主義的戦争に利用されて来たことについて今日十分なる反省を要求されているはずである。われわれはこの反省を通じて、今後世界平和のためにのみ積極的に努力すべく、決意を新たにすべきであると信ずる。過去の日本の科学技術研究の場合のごとく、其研究の一部が軍部の予算によってまかなわれ、それによって促進されてきたということは、たとえそれが科学自体の発展に役立つという一面を有するとはいえ、結局戦争の災禍を増大し、真の科学の進歩の方向を歪める可能性をもつことは、我々が過去の経験によって痛切に味わされたところである。」と述べ、「現在進行しつつある原子爆弾及び細菌的兵器の発達は究極において地球を破壊し、人類を死滅せしめる力を持つことを宣言する」と結んでいる。反省は抽象的なものでなく、ここに述べられているように具体的だったのである（小沼通二、「学術の動向」、2017・7、p.12)。部会の報告と討議を受けて安倍能成ら起草委員により案が作成され、参加者全員の承認を経て「戦争と平和に関する日本の科学者の声明」（1951年1月）が公表された（日本科学者会議編「科学者の権利と地位」、水曜社1995年、p.276)。

一方、戦前の学術研究会議から発展した日本学術会議は、1948年7月の日本学術会議法により、内閣総理大臣の所管とされ、我国の科学者の内外に対する代表機関として設置され位置づけられた。登録会員による直接選挙で選ばれた第1部から第7部まで、各部30名からなる総勢210名の会員により構成され、第1回総会が1949年1月に開かれた。総会初日に羽仁五郎会員から発足にあたっての決意表明の発議があり、末川博第二部会長に原案の作成が委嘱された。3日目の1月22日、「日本学術会議の発足にあたって科学者としての決意表明」が提出された。

若い研究者の方々には接する機会が少ないと思われるので、以下に全文を掲載する。

「われわれは、ここに人文科学及び自然科学のあらゆる分野にわたる全国の科学者のうちから選ばれた会員をもって組織する日本学術会議の成立を公表することができるのをよろこぶ。そしてこの機会に、われわれは、これまでわが国の科学者がとりきたった態度について強く反省し、今後は、科学が文化国家ないし平和国家の基礎であるという確信の下に、わが国の平和的復興と人類の福祉増進のために貢献せんことを誓うものである。そもそも本会議は、わが国の科学者の内外に対する代表機関として、科学の向上発達を図り、行政、産業及び国民生活に科学を反映浸透させることを目的とするものであって、学問の全面にわたりそのになう責務はまことに重大である。されば、われわれは、日本国憲法の保障する思想と良心の自由、学問の自由、及び言論の自由を確保するとともに、科学者の総意の下に、人類の平和のためあまねく世界の学界と提携して、学術の進歩に寄与するよう万全の努力を傾注すべきことを期する。ここに本会議の発足に当たってわれわれの決意を表明する次第である。」（日本科学者会議編「科学者の権利と地位」、水曜社：１９９５年、p．41：傍線は筆者）。

しかし、この案文をめぐっての討論の中で争点の中心となったのが、「これまでわが国の科学者がとりきたった態度」という箇所について、「これまで」の次に「とくに戦時中」の文字を加えるか否かについてであったという。２日目の総会提出案文を検討する運営委員会においても討論となり、「とくに戦時中」という文言を削除した原案を確定した経緯について、我妻栄・副会長から「戦争という問題については一切触れないほうがよいという考えと、触れたほうが良いという、いわば両極端の説がありました。しかし結局その点、特に戦争という名称を強くしないで、過去の態度を強く反省するという含蓄のある言葉がよいだろう。殊に反省という言葉の中に単に戦争という場合だけではなくて、各部の学者が極端なセクショナリズムであったというような点、いろいろと反省すべき点があろう」（中塚明、「日本の科学者」、２０００、Ｖｏｌ．35（2）、p．29－30）と合意を重視する立場と、学術に対する偏狭な態度などを盛り込んで戦争に対する態度を曖昧にした結果、最終的に案文通り提案することとなった経緯が述べられている。

次に浅見論文を引用して討論の様子を紹介する。この議論の中で久野寧（第７部・医学・副部長）が特徴的な発言をしている。すなわち「第7部で相談したこととしては、全体の大体大多数の意見として戦争と言うことを明示しないほうがよいという御意見が多かったのであります。……すでに国家が戦争になってしまったならば戦争に協力し、科学者が国家のために尽くすということは、一面から言うと当然のことであります。……」と述べている（この発言に対して会員の一部から拍手が起きたという）。これに対して何人かの人は反対論を述べている。例えば、横田喜三郎（第2部・法学）は「……戦争が始まったからそれに協力しなければならぬということは、少なくとも学者はそういう態度であってはならないと思うのであります。…『特に戦時中』というくらいの言葉はきわめて微温的な言葉でありまして、これくらいの言葉をいれることに障措するようでは、私は今後の学術会議の行動に世人が果たして十分なる支持を与えるかということを疑問に思うのであります」。また井尻正二（第4部・理学）は「…もう一度戦争中のわざわいを繰返したくないという自己批判から申し上げるのであります。ただ先ほど久野先生から言われた言葉の中には、私どもとして非常に残念な言葉があったと思います。それは国家の命令でやったのだからというのですか、あの九州の解剖事件、これがはたして国家の命令とどうゆう関係があるのでしょうか。このところをひとつ考えていただきたいと思うのです。これは国家の戦争とは別にあゝゆう事件が起きたのであります。このことを反省していただいて、ぜひ戦争という言葉を入れていただきたいと思います」。「あの九州の解剖事件」とは、撃墜され捕虜になったB29搭乗員8人が、九州大学医学部解剖学教室において生きたまま解剖され、殺害された事件である。福島によれば久野教授の教室はこの事件に責任があったという」（浅見輝男、「日本の科学者」Ｖｏｌ．41（9）、2006、p.

18)。結局、「特に戦時中」という字句をいれることに賛成の者65名、入れない原案に賛成の者は医学系、工学系を中心に91名で、原案どおりに決まった。このように日本学術会議はその創立の時から戦争責任の問題を曖昧にしていたのである。

日本学術会議は、その後、朝鮮戦争開始2か月前の1950年4月28日、第6回総会で「戦争を目的とする科学の研究には絶対従わない決意の表明（声明）」を発表、さらに物理学会の米軍資金援助問題を受けて、1967年10月20日「軍事目的のための科学研究を行わない声明」を発したが、それ以降、学術会議に対する政府の干渉の強化や無視、会員選出方法の変更などの環境変化も相俟って、平和や戦争と学術に関する意見や声明を公表することはなかった。学術会議が2005年4月に発出した「日本の科学技術政策の要諦」のなかで「今では日常生活の一部として当然のように考えられている衛星テレビ中継や衛星観測、宇宙開発の技術、コンピューターやインターネットなどの情報技術の基礎も、多くが軍事技術、とりわけ米国による軍事目的の科学技術開発に依るところが大きい」と軍事研究を肯定的に評価し、さらに、日本について「国家安全保障の確保は大きな国家的課題である。…わが国が国際紛争を解決する手段として軍事力の行使を否定する憲法を有しているとの認識にたって、十分に戦略的な安全保障を再考する必要があろう。」と述べている。浅見は、〝憲法第九条第二項が改悪されれば直ちに軍事研究に踏み切るということなのであろうか。ここには日本学術会議創立総会における声明の影も見あたらない。〟（浅見輝男、「日本の科学者」、2006、Vol.41（9）、p.20）と厳しく批判した。

日本学術会議が防衛装備庁の「安全保障技術研究推進制度」（2015年度発足）に対する見解についての検討を開始した2015年までは、軍事研究と学術に関する課題について、総会で論議されることはなかった。学術会議は「安全保障と学術に関する検討委員会」（杉田敦委員長：第一部会）を置き、10回以上の公開の会議やシンポジウムを経て、2017年3月24日、幹事会として「軍事的安全保障研究に関する声明」（新声明）を発表した。新声明中で「…近年、再び学術と軍事が接近しつつある中、われわれは、大学等の研究機関における軍事的安全保障研究、すなわち、軍事的な手段による国家の安全保障にかかわる研究が、学問の自由及び学術の健全な発展と緊張関係にあることをここに確認し、上記2つの声明を継承する。…防衛装備庁の「安全保障技術研究推進制度」（2015年度発足）では、将来の装備開発につなげるという明確な目的に沿って公募・審査が行われ、外部の専門家でなく同庁内部の職員が研究中の進捗管理を行うなど、政府による研究への介入が著しく、問題が多い。学術の健全な発展という見地から、むしろ必要なのは、科学者の研究の自主性・自律性、研究成果の公開性が尊重される民生分野の研究資金の一層の充実である。…研究成果は、時に科学者の意図を離れて軍事目的に転用され、攻撃的な目的のためにも使用されうるため、まずは研究の入り口で研究資金の出所等に関する慎重な判断が求められる。…」と、過去の歴史の反省を踏まえて明確に軍事研究を否定し、研究の健全な発展には軍関係以外の学術資金の増額を求めていることを、敬意をこめて評価したい。北海道大学は、既に2016年から3年間の契約で助成を受けている船体の摩擦抵抗を低減させる研究について、3年目の今年度分を辞退したと報道された。報道によれば、防衛省の同制度の研究途中で大学側が助成を辞退したのは初めてで、2018年3月末に北大から申し出を受けたとされている。北大広報課によれば辞退の理由について、「日本学術会議の声明を尊重した」としている。

これらの経過を見るとき、あらためて日本学術会議の新声明の意義の大きさを実感することができる。

科学の軍事利用に反対し、平和利用を要求する科学者・学術団体の発言や声明・宣言は、先の大戦中の核兵器開発研究者の報告をはじめとして数多く知られているので、以下の成書を参照されたい（詳細は、日本科学者会議編「科学者の権利と地位」、水曜社、1995年、を参照）。

3. 今後の課題

科学者や研究者の社会的責任や倫理の自覚や向上は、残念ながら、科学者の社会のみの自律的な決めごとを教育し、順守を申し合わせるだけでは達成できないことは自明である。学術会議新声明では「防衛装備庁の「安全保障技術研究推進制度」（2015年度発足）では、将来の装備開発につなげるという明確な目的に沿って公募・審査が行われ、外部の専門家でなく同庁内部の職員が研究中の進捗管理を行うなど、政府による研究への介入が著しく、問題が多い。学術の健全な発展という見地から、むしろ必要なのは、科学者の研究の自主性・自律性、研究成果の公開性が尊重される民生分野の研究資金の一層の充実である。研究成果は、時に科学者の意図を離れて軍事目的に転用され、攻撃的な目的のためにも使用されうるため、まずは研究の入り口で研究資金の出所等に関する慎重な判断が求められる。大学等の各研究機関は、施設・情報・知的財産等の管理責任を有し、国内外に開かれた自由な研究・教育環境を維持する責任を負うことから、軍事的安全保障研究と見なされる可能性のある研究について、その適切性を目的、方法、応用の妥当性の観点から技術的・倫理的に審査する制度を設けるべきである。学協会等において、それぞれの学術分野の性格に応じて、ガイドライン等を設定することも求められる。研究の適切性をめぐっては、学術的な蓄積にもとづいて、科学者コミュニティにおいて一定の共通認識が形成される必要があり、個々の科学者はもとより、各研究機関、各分野の学協会、そして科学者コミュニティが社会と共に真摯な議論を続けて行かなければならない。」と述べている。新声明が指摘するように、学術の健全な発展には民生分野の研究資金の一層の充実が必要であり、政府が財界と一体となって進めている「大学予算の大幅削減と外部資金の活用」「研究テーマや研究資源の選択と集中」「産業育成・発展のための科学技術政策」などの抜本的な転換を求めていく必要があり、このためには高等教育の意義、学問研究の意義、科学者の社会的責任を果たすために科学者・研究者・技術者・教育者として、軍事研究はなぜしてはならないのか、などについて社会的な合意を形成するための科学者・研究者の側の主体的な努力も求められる。

学術研究体制の危機——財界と官邸による「大学改革」の狙い

井原　聰

はじめに

財界や官邸が大学改革に大号令をかけている。科学技術イノベーション戦略を推進するには大学を自在に操ることが急務と考えているからである。憲法によって保障された学問の自由、大学の自治、戦後、広範な大学人や市民によって勝ち取られてきた自主的、自立的な大学は、財界や自民党政府が、戦後、手をつけたくてもつけることはできなかった。その大学を、正義も節操もない安倍内閣が踏みにじろうとしている。ここでは戦後の歴史的経緯を簡略に振り返りながら現状認識を深めたいと考える。

1．官邸・内閣府がしかける大学改革総力戦

かつて、文科省は国立大学の独法化の問題点を法人化後の6年目、2010年に、はやばやと認めたことがあった[1]。そこでは、大学進学率の低下、博士号取得者の減少、常勤教員の人件費の減少と非常勤教員の急増、国立大学の人文学分野教員数の減少、運営費交付金の激減、研究時間や学術研究論文の数は減少し、教員の負担増や基礎研究への影響、大学間格差が懸念される、との指摘がなされた。また、研究の面では、外部資金獲得のために、短期的成果の出る研究が優先されており、基礎研究や人文科学系の一部など、社会・経済的な観点からの需要は必ずしも多くはないが重要な学問分野の継承・発展に影響が出てきているとの指摘や、人的・物的条件に恵まれた都市部の大規模総合大学と比較して、いわゆる地方大学や小規模な大学が、外部資金の獲得面でも不利などの理由により、大学間の格差が広がってきているなどの指摘がある、との声を紹介もしていた。しかし、こうした危機的状況を述べたものの具体的改善策がとられたわけではなく、状況は今日いっそう深刻なものになっている。

文科省は2012年6月「大学改革実行プラン」を発表し、「国民や社会の期待に応える大学改革を主体的に実行することが求められている。…社会を変革するエンジンとしての大学の役割が国民に実感できることを目指して取り組む」と述べ、危機的状況の改善ではなく、大学の機能の再構築とガバナンスの充実・強化で、市民や社会の期待に応える大学改革を果たし、社会を変革するエ

ンジンとなれ、と檄を飛ばしたのである。

2013年1月には「第5期科学技術基本計画」を決定し、基本計画に、はじめて大学改革の課題を取り上げ、「科学技術イノベーションを推進する上で、その中核的な実行主体である国立大学の組織を抜本的に改革し、機能の強化を図ることが喫緊の課題」だとして、大学改革を国家的政策課題に位置づけた。

2013年5月には「内閣の最重要課題の一つとして教育改革を推進」するために、かつての教育再生会議を焼きなおした教育再生実行会議が、社会を牽引するイノベーション創出のための教育・研究環境づくりを進める、学生を鍛え上げ社会に送り出す教育機能を強化する、大学のガバナンス改革、財政基盤の確立により経営基盤を強化する[2]ことを発表するや、日本経済再生本部はこの提言を踏まえて、「大学や学部の枠を越えた教員ポスト・予算等の資源再配分及び組織再編、大学内の資源配分の可視化、外国人研究者の大量採用、年俸制の本格導入、企業等の外部からの資金を活用した混合給与などの人事給与システムの改革、運営費交付金の戦略的・重点的配分の拡充に直ちに着手する[3]」を発表した。

加えて、産業競争力会議（2018年、未来投資会議に統合）は「今般の大学改革は、大学側が自己変革をすることを促進するものであり、機能強化、ガバナンス・マネジメント改革に大学が取り組むことが前提であるが、他方で、技術革新のスピードが上がるなどグローバル競争も熾烈になる中で、昨今、オープンイノベーションの重要性が指摘されている。[4]」と述べ財界もこれに協力するよう要請した。

さらに、人生100年時代構想会議は「大学の役割や特色・強みの明確化」「大学のカリキュラムの決定の在り方　外部識者活用」「国立大学法人・学校法人（私立大学）における理事の構成民間人の活用」「大学の統合について」[5]といっそう踏み込んだ改革の枠組みを示した。かくして、大学問題は文科省下の中央教育審議会、大学審議会、科学技術・学術審議会の場や日本学術会議（以下、学術会議と略す）の場から離れ、議論の舞台は官邸・内閣府主導へと移ってしまった。

大学における教育と研究をどのようにみるのか、科学や技術をどのようにみるのか、大学が果たすべき社会的責任とは何かを問うこともなく、競争原理を働かせ「社会実装」ができそうな研究を選択し、そこに予算を集中しイノベーションに貢献する「選択と集中」による予算誘導的政策がこの間の施策となった。したがって、大学改革とは大学を市場経済原理の中でガバナンスしようとする方針がもっか財界・官邸の大きな関心事であり、「統合イノベーション戦略」[6]を閣議決定し、森友・加計問題に見られるように財界・官邸が主導する大学改革、学術研究体制を思いのままに操作する道を拓いたのである。従来の日本の文部行政、文教政策、「科学技術」政策等の見直しを抜きに、「岩盤」を穿って財界・官邸が直接大学をコントロールしようと総力戦をしかけてきている。大学の危機の実相を明らかにし、世論に訴え、財界・官邸の横暴をストップさせなければ、この行き着く先には軍事研究の陥穽や大学、学術体制の崩壊が待ち構えている。

2. アカデミアとテクノクラート

学術会議は2010年8月「法における〝科学技術〟の用語を〝科学・技術〟に改正し、政策が出口志向の研究に偏るという疑念を払拭するとともに、法第1条の〝人文科学のみに係るものを除く〟という規定を削除して人文・社会科学を施策の対象とすることを明らかにし、もって人文・社会科学を含む〝科学・技術〟全体についての長期的かつ総合的な政策確立の方針を明確にすること[7]」という勧告を行った。しかし、民主党政権下でほんの一時、用いられたがその後の安倍政権はこの勧告を無視してきた。なぜ無視をしてきたのか、「科学技術」という用語を用いる特別の意味を検討しておきたい[8]。

文部省と科学技術庁が合併したときに「科学技術」と学術の定義をめぐって議論があったことを川上伸昭（元文科省科学技術・学術政策局長）[9]は次のように述べている。「現在、行政用語として〝科学技術〟が何を指すのかについては、法文上定義が設けられているわけではない。しかし、文部科学省設置法の作成過程においては、科学と技術の全体を包含する概念を一言で表した言葉である。…〝学術〟という用語は、戦前から、たとえば日本学術振興会という名称として使われるなど、確立しており、文部省設置法等は〝学術〟を〝人文科学および自然科学ならびにそれらの応用の研究〟と定義している。…科学技術基本法には〝学術〟という用語は見られないが、科学技術の振興を考えるときに、学術が含まれないとは解釈されていない。文部科学省において、…科学技術は国の政策に基づいて行う、いわゆるトップダウン型で行うもの、社会・経済目的の研究開発活動を指し、他方、学術は、主として大学において行われている研究者の発意に基づく自発的な活動、いわゆるボトムアップ型の研究活動を指すことにしている[10]」と。科学基本法にはわざわざ「人文科学のみにかかわるものを除く」とした点にはふれず科学技術に学術が含まれると強弁し、国の政策に基づいて行う「科学技術」（トップダウン）の中に「学術」（ボトムアップ）が含まれるという矛盾した苦しまぎれの見解を述べている。

国の政策がいつの日か文部省訓令「大学教授ハ国体ノ本義に則リ教学一体ノ精神に徹シ…[11]」に転化すれば戦前の苦い経験に回帰することになる。「帝国学士院・学術研究会議・学術振興会改組案建議」（１９４６年3月14日）はこのことを深く反省して「吾々ノ祖国ガ今筆紙ニ尽シ難キ悲運ニ逢着シツツアル根本的原因ハ…学問ヲ軽視シ、真理ノ命ズル所ヲ無視シ、国民一般ノ生活ハモトヨリ文化、経済、政治が不合理ナル精神ニ依ツテ支配サレ不合理ニ営マレ来リタルコトニ存ス[12]」としたことに思いをいたさなければならない。学問の創造的で自由な活動によってこそ人類の平和と幸福、豊かな文化が支えられることを確認しておきたい。

さて、「科学技術」という用語の使用について大淀昇一は１９４０年9月の『日本工業新聞』「科学技術新体制を語る」（座談会）を経て１９４１年「科学技術新体制確立要綱」によって始められたのではないかと述べている。この要綱を説明した当時の官報「科学技術の新体制とは何か—科学技術新体制確立要綱解説—[13]」を見ると科学と技術は別物として説明されている。「科学技術」は科学と技術を中央集権的に戦争動員するためのテクノクラートが用いた官僚用語だったといってよい。戦前の日本学術振興会（学術：アカデミア）が技術院（「科学技術」：テクノクラート）に対立した構図が[14]、「科学技術」には刻印されている。

技術史家の山崎俊雄は、かつて、科学が資本を媒介に技術化されて生産力になるのは当然のこととして、当時一世を風靡した科学主義工業や科学技術新体制確立要綱を批判して「戦時における国家資本の結合の強化、独占資本に対する国家の役割の拡大によって、科学と生産との計画的結合が可能であるかのように信じさせることは、日本資本主義が目ざした合理化運動のひとつの目標であった。戦時中の〝科学技術〟という、科学と技術のあいまいな使い方の流行も、原因はじつにそこにあったのである。…技術の進歩を左右する生産関係に目を閉じさせることも、合理化運動のもうひとつの目標であり、暗い谷間といわれるゆえんはそこにあった。自然科学は振興するが、社会科学は弾圧するというのでは、目をつむって走れというにひとしい[15]」と述べた。

技術と技術学を混同し、科学を技術から切り離し、人文・社会科学を不要のものとし、「科学技術」という実態のないものを創造し、大資本に奉仕するテクノクラートは「科学技術」を隠れ蓑に、産業に役立つ科学を「科学技術政策」の対象とした。実質は大企業のための「技術政策、経済政策」に過ぎないものを今日に引き継いだといえる。したがって、単に用語法の問題ではなく、そもそも科学政策、技術政策というものが存在したのか否か、これらに取って代わった「科学技術政策」なるものの正体をみきわめなければならない。

3．文教行政と「科学技術」行政

1948年、学術体制刷新委員会の答申によって、学術会議および学術会議の答申を実行に移すべき行政組織として科学技術行政協議会（総理府）が設置された。後者はやがて学術会議への対抗措置として登場する科学技術庁（1956年設置：以下科技庁と略す）と科学技術会議へとつらなる。科技庁は総理府原子力局、科学技術行政協議会事務局、資源調査会事務局および工業技術院の調査部門、特許庁の発明奨励部門、航空機部門、海洋部門を統合したテクノクラートの受け皿の官庁となった。1959年に科学技術会議がおかれ、科学技術（人文科学のみに係るものを除く）一般に関する基本的かつ総合的な政策の樹立、科学技術に関する長期的かつ総合的な研究目標の設定に関することを取り扱うとされた。人文・社会科学を含む学術を扱う文部省や学術会議とのすみわけが行われたのである。2001年に文部省と統合され文科省となるが、それまでに、科技庁は科学技術会議を通して、社会的要請にこたえるとして、経済の効率的発展のための「科学技術」の振興を中心とする25の答申（エネルギー、ライフサイエンス、情報・電子系、物質・材料系、防災、創造性豊かな科学技術、科学技術と人間及び社会との調和ある発展、国立試験研究機関のあり方、科学技術政策大綱、科学技術基本計画など）を出してきた。

一方、1948年に大学設置委員会が「大学設置基準」を答申し、教育刷新委員会が「大学の自由及び自治の確立について」を建議し、翌1949年には旧文部省大学学術局が設置される。19

53年中央教育審議会が「科学技術教育の振興方策について」を答申し、1962年には学術会議が「科学研究基本法の制定について」[16]の勧告を出す。しかし、政府は学術会議の勧告や提言を無視し、先に述べた25の答申による「科学技術政策」を推進した。1967年には学術会議の科研費配分審査の主導権とからませて、学術奨励審議会を学術審議会（2001年科学技術・学術審議会となる）に強行改組し、「学術進行に関する当面の基本的な施策について」を諮問し、それまで一財団法人であった組織を特殊法人日本学術振興会（2003年独立行政法人JSPS）に格上げし、科研費審査体制を学術会議から日本学術振興会に変更してしまったのである。

1981年には科技庁によって創設された科学技術振興事業団による創造的科学技術推進事業がはじまり、科学技術振興調整費が出され、「科学技術」の国際政策、国際共同研究の推進、重要課題解決型研究等の推進、新興分野人材養成、戦略的研究拠点育成分野のプログラムなど日本の学術研究体制に大きく影響する分野が学術会議とかけ離れたところで遂行されるようになり、1984年には学術会議の総意である自主的改革案を無視して、学術会議法を改定し、会員の公選制を学協会推薦制（2005年会員推薦制・コ・オプテーション方式、3部制、連携会員制へと改組）へと変更してしまったのである。1985年科学技術会議の科学技術政策大綱（「地球と調和した人類の共存」、「知的ストックの拡大」、「安心して暮らせる潤いのある社会の構築」）が制定され、1995年戦略的基礎研究推進事業が開始され、1996年には、かつて学術会議が提起した科学研究基本法制定の勧告（1962年）や「科学技術に関する基本法制定についての勧告」（1969年）[17]とは全く違った科学技術基本法[18]が制定された。そして、科学技術基本計画が提起されるがその「理念」は産業競争力、雇用創出、豊かで便利、質の高い国民生活、持続的発展の牽引車というものであった[19]。1999年にはついに学術会議を通すことなく文部省は学術審議会から「科学技術創造立国を目指す我が国の学術研究の総合的推進について」の答申を受けることとなる。

1998年には巨費を投じた「第1期科学技術基本計画」が5カ年計画でスタートし、今日では第5期科学技術基本計画が走っており、第1期~第5期（~2017年まで）の期間に95・9兆円が支出された。この基本計画を策定するために2001年内閣府に総合科学技術会議が設置されるが、科学技術基本法を反映して「科学技術（人文科学のみに係るものを除く。以下同じ）一般に関する基本的かつ総合的な政策の樹立に関すること」を諮問することとなるが、「日本学術会議への諮問及び日本学術会議の答申又は勧告に関することのうち重要なもの」についても諮問することとされ、学術会議の存続の仕方まで答申することになる。総合科学技術会議は2014年5月に総合科学技術・イノベーション会議（CSTI）となり、その中にイノベーション戦略調整会議（官房長官を議長に防衛大臣を含む主要閣僚で構成）が設置され、予算の枠組みづくりまで、官邸主導の体制がつくられた。さらに2018年6月「統合イノベーション戦略推進会議」（CSTI、IT本部、知財本部、健康・医療本部、宇宙本部、海洋本部の各司令塔を束ねた組織）がつくられ、まるでかつての「大本営」の司令塔を思わせる官邸主導の組織が、いまや大学や学術研究体制をコントロールしようとしているのである。

4. 社会における科学と社会のための科学

2007年、中教審答申「我が国の高等教育の将来像」が出され、大学の使命として教育、研究についで「第三の使命」、社会貢献が求められた。これを受けて2008年には教育基本法が改定され、「第7条 大学は学術の中心として、高い教養と専門的能力を培うとともに、深く真理を探究して新たな知見を創造し、これらの成果を広く社会に提供することにより、社会の発展に寄与するものとする」とされ「社会貢献」が法的根拠を与えられたのである。

もっとも大学が「社会貢献」することを期待してきたのはいつの時代も財界や時の政府であった。2000年の『科学技術白書』(平成12年度版:科技庁、川上伸昭担当[20])は「21世紀を迎えるに当たって」で、科技庁は「知識基盤社会において豊富な資産を作り出す基礎研究の中心的な担い手である大学での研究と、社会的・経済的ニーズに対応した研究開発を振興する等、学術・科学技術行政を総合的に推進することとなる」としていた。この白書は1999年にユネスコ及び国際科学会議(ICSU:当時の議長は吉川弘之)のもとで開催された「21世紀のための科学:新たなコミットメント」世界会議で発せられた「科学と科学的知識の利用に関する世界宣言」(ブダペスト宣言)の詳細な紹介が行われた白書でもあった。

ブダペスト宣言は、1. 知識のための科学:進歩のための知識、2. 平和のための科学、3. 開発のための科学、4. 社会における科学と社会のための科学、という4大項目と46の小項目からなっている。誰もが「4．社会における科学と社会のための科学」は社会的課題解決型、社会貢献の宣言と錯覚するかも知れない。しかしそうではない。この宣言には、そのようなことは一言も触れられていない。「4．社会における科学と社会のための科学」は39～46の8つの小項目からなっている。39項目目は「科学研究の遂行と、その研究によって生じる知識の利用は、貧困の軽減などの人類の福祉を常に目的とし、人間の尊厳と諸権利、そして世界環境を尊重するものであり、しかも今日の世代と未来の世代に対する責任を十分に考慮するものでなければならない。この点に関して、すべての当事者は、これらの重要な原則に対して、自らの約束を新たにしなければならない[21]」というもので、このほかには科学者の社会的責任や科学者倫理の問題などからなり、科学者コミュニティの社会的責任が問われていた。

折角の宣言の詳細な紹介にもかかわらず、宣言が提起した貧困の軽減、人類の福祉、人間の尊厳と諸権利などにはふれずに、白書は「社会的・経済的ニーズに対応した研究開発を振興する」こととしてしまった。さらに２００４年の『科学技術白書』（平成16年版：文科省）になると、第１部で「これからの科学技術と社会」をうたいながら、第3部の「科学技術の振興に関して講じた施策」では「国家的・社会的課題に対応した研究開発の重点化」の施策を確認している。社会貢献の典拠をあたかも「ブダペスト宣言」の「4．社会における科学と社会のための科学」にあるかのような流れを演出したかに見える。

5．予算誘導による研究支配——社会貢献から軍事貢献へ

科学は特定の権力、政府、社会にへつらうものではなく、ブダペスト宣言が述べたように貧困の軽減などの人類の福祉を常に目的とし、人間の尊厳と諸権利、そして世界環境を尊重するものでなければならない。しかし、財界や自民党政府がいう「社会貢献」はイノベーションの創出による産業連携、地域連携を要請するものという色合いが極めて濃い。表は文科省の２０１８年度科学技術予算（９，５８８億円）であるが、予算費目は「Society 5.0の実現に向けた科学技術イノベーションの推進」とされており、まさに特定の政府の政策や財界の意向に沿う研究予算なのである。表の３番目の費目を除くすべての費目がトップダウン型の予算（全体の69％）となっている。３番目の「基礎研究力強化と世界最高水準の研究拠点の形成」（２，９９２億円31％）ですら科研費以外は政策意図の反映した研究にのみ予算がつく仕組みになっている。むろん政策を全面否定しているわけではない。ボトムアップの唯一の道である科研費の総額が２，２８６億円（23・８％）でしかなく、多様なそして独創的な研究がもっとも生まれやすい科研費をこそ手厚くすべきなのである。イージス・アショアーに４，０００億円を出す政府が、科学の基盤形成にはその半額程度しか出さない、政策の貧困を強く批判したい。また、第５期科学技術基本計画には、財界の強い要望でSociety 5.0が入ったが、市民のコンセンサスをどれだけ得ているのか疑問である。財界の描く近未来のビジョンは、「少子高齢化や地方の過疎化などで人的負担が大きくなっている」として、その

2018年度文科省科学技術予算

Society 5.0の実現に向けた科学技術イノベーションの推進			百万円	構成比%
1	未来社会の実現に向けた先端研究の抜本的強化		59,706	6.2
2	科学技術イノベーション・システムの構築		35,004	3.7
3	基礎研究力強化と世界最高水準の研究拠点の形成		299,219	31.2
	主な費目	科研費	228,550	23.8
		戦略的創造研究推進事業（新技術シーズ創出）	43,410	4.5
		先端研究基盤共用促進事業	1,605	0.2
		研究大学強化促進事業	5,048	0.5
		世界トップレベル研究拠点プログラム（WPI）	7,012	0.7
4	科学技術イノベーション人材の育成・確保		25,862	2.7
5	最先端大型研究施設の整備・共用の促進		45,254	4.7
6	科学技術イノベーションの戦略的国際展開		13,976	1.5
7	社会とともに創り進める科学技術イノベ政策の推進		6,700	0.7
8	健康・医療分野の研究開発		84,754	8.8
9	クリーンで経済的なエネルギーシステムの実現		37,716	3.9
10	自然災害に対する強靱な社会に向けた研究開発の推進		10,969	1.1
11	人類のフロンティアの開拓及び国家安全保障・基幹技術の強化		339,645	35.4
合計			958,805	

「平成30年度予算（案）主要事項」（平成30 年１月文部科学省）より作成。[22]
平成30年度文科省科学技術予算は9,626億円だが、概算なので約9,588億円となっている。

負担を軽減する方法としてIoTやAI、クラウド、ドローン、自動走行車・無人ロボットなどの「最新テクノロジー」開発に軸足があるのである。この文科省の予算に他省の目的的研究たる委託研究を加えれば、日本の科学研究の多数が開発研究となってしまうのである。

しかも、科研費は申請しても、約25％の研究者にしかゆきわたらない[23]。不採択となった4分の3の研究者はいくつもの財団や民間の助成事業に挑戦し、これも不採択となればすずめの涙ほどの運営費交付金（年額6万円ほどの大学もある）にすがるほかなく、研究のポテンシャルは下がり業績はあがらず、業績主義の審査では科研費は不採択となり、マイナスのスパイラルに落ち込むことになる。このような環境の中で、社会貢献度が高く、業績も上げやすいトップダウンの研究開発分野に誘導される研究者も少なくない。防衛省による軍事研究募集はこうした構造的な研究者の囲い込みの中で進行している。財界や官邸が大学の研究者をついにここまで追い込むことができるようになったとみなければならない。

募集テーマはデュアルユース、基礎研究と称してはいるものの、研究の成果はやがて装備に反映しうるものとされている。防衛装備庁の「安全保障技術研究推進制度」の実施は2018年度で4年目に入る。3年間に採択された件数は33件、交付金額は93億2，956万円（2015年度は3年度分合計、2016年度は2年度分合計、2017年度分は1および5年度分合計）に達した[24]。

防衛省の公募要領の課題名の多くに「基礎研究」が付けられている。科学論的吟味の紙数はないので、総務省統計局の定義を示しておくと「特別な応用、用途を直接に考慮することなく、仮説や理論を形成するため又は現象や観察可能な事実に関して新しい知識を得るために行われる理論的又は実験的研究をいう[25]」とある。これに照らせば、防衛省の公募課題に付けられた「基礎研究」は、このような意味ではない。防衛装備庁が提起した研究テーマの出題者は軍事（防衛）研究に日夜励んでいる防衛省の軍事研究者なのである。防衛省によると「基礎研究」とは「研究担当者の専門領域及び特性に基づき、広範囲な安全保障の観点から実施する調査研究をいう。[26]」とされている。また、「基礎研究は、研究者が各人の専門性に基づいて行う研究で比較的長期的な視点から重要と思われる防衛・安全保障のテーマについて研究しています。また基礎研究の中で、特に日本の防衛政策に寄与できると認められるものについては所指定研究としています[27]」というのである。防衛省のいう「安全保障の観点」とは学術会議が「軍事的安全保障」とした観点である。研究の成果はやがて「防衛装備」（兵器）や軍事研究に活用されることが大前提なのである。応募する研究者が基礎研究だ、民生用だと考えることは自由だが、軍事研究に活用されることが明瞭なのである。デュアルユースなどといって軍事研究への抵抗感を低くしようとしているが、もともとアメリカでは、軍産複合体の技術の陳腐化、軍需産業の停滞を克服する手立てとして、民間企業や研究者の軍事研究への動員のスローガンとして掲げられたのがデュアルユースだったのであり「民生技術が軍事目的に応用された場合、その技術は両用技術[28]」だったにすぎない。

軍事研究は軍事システムを研究対象とするので兵器研究のみならず国防、軍隊組織、作戦指揮（軍事ＯＲ等）、戦闘技術、軍事教育、戦史、軍事史、軍事技術…と多岐にわたる。したがって、自然科学や工学、医学・薬学・生命科学…から人文・社会科学を含む多様な分野の知見を必要とする。また軍事研究の対象の一部である軍事技術も食糧から各種戦闘装備品、兵器、兵器システム、兵器生産システムまで広範な装備を対象としている。したがって、軍事技術は一般の生産技術体系のなかの一つの分化形態であり、いっさいの軍事制度や軍事組織の物質的基礎でもある。この軍事技術にもとづいて兵器の構造やタイプ、戦略までが左右され決定される。したがって「戦争をできる国、戦争をする国」にするためには科学や技術の総動員が不可欠なのである。

さて、防衛装備庁がはじめた4年間の研究公募（重複を含め１０６課題）とはどのようなものであったかを見ておきたい。提起された研究課題は上に述べた軍事研究からいえば、軍事技術それも兵器、兵器システムの開発に関わるものに限られている。憲法９条の改定が実現すれば、兵器開発だけではなく上に述べた広範な分野の公募が出てくるかもしれない。

「公募要綱」「採択課題について」の説明を手がかりに仕分けをしてみた。研究課題に対応する兵器やそのシステムを想定すると複数の兵器やシステムに関係するものが多い。ここでは暫定的に兵器や兵器関連の新素材・基盤技術も分類項目に立てた。潜水艦・艦船、ステルス性、誘導・追尾・索的等、超極高速飛行体、センサー（各種探知）、新素材、各種パワー、毒ガス吸着剤、パワーデバイス、移動体間通信、サイバー技術、ＡＩの12項目について、採択された研究課題を振り分けた。採択された課題が公募のどの研究課題で採用されたのかについて防衛装備庁が公表した「採択課題について」では明示されていない。そこで採択された研究課題の研究概要を勘案して対応しそうな研究課題に関係付け、12項目に割り振ってみた。対応する兵器関連項目でみると、移動体追尾、偵察・攻撃用、サイバー攻撃・防御、索敵、ＡＩの項目では採択がゼロ、潜水艦・艦船７件、センサー（各種探知）5件、パワーデバイス4件、超極高速飛行体3件、毒ガス吸着剤3件、新素材3件とつづく。どれも対応兵器の中にすっぽり納まってしまうのが採択課題である。応募者の主観とは別に採択課題は将来の兵器開発を期待されているのである。

おわりに

1984年、臨時教育審議会を設置し、教育改革を政治課題にした中曽根康弘内閣、それを引き継いで戦後レジームの脱却を叫び、2006年には新教育基本法を、2007年には教育関連3法を、数を頼んで成立させ、戦前のように市民が国家に奉仕するよう、徳目を学ばせることを可能にしてしまった。一方、学問の自由、大学の自治に裏付けられた大学人やアカデミアの良心や行動に対して、絶えず攻撃をかけてきた歴代政府・自民党、財界が大学のコントロールを通して、大学を国家に奉仕させる体制を作りつつある。

独法化後の大学の疲弊を逆手にとって予算誘導的に大学を財界、官邸の意図に沿わせ、その意図に沿った大学には授業料免除の優遇措置をばらまき、その一方で多くの学生は学生ローンともいわれる奨学金に手を出さざるを得ない事態となる。産学連携で企業機密に取り込まれた研究室や研究グループに所属する学生、研究生たちは発表の自由を大幅に制限されもはや自由な研究討論さえできない。また、そのまま連携先の企業へ進むことも少なくない。そのようなことに縁の無い研究室や部局、予算誘導的なプロジェクトチームから「取り残された」研究者たちの後任人事や昇格人事はなくなり、任期つきの若手教員は業績をあげることに追われ、教員の教育負担が過度なものとなり、教育現場の荒廃がいっそう進行する。そういう環境の中での、学生、院生や若手研究者の教育は負の連鎖を生じさせ、多様性や創造性を失うことになりかねない。

「科学技術」という名の政策は目的をもった研究開発（技術開発）の政策であり、「社会実装」を目的とする産業政策といってもよい。かつて科技庁が関係してきた分野で言えば原子力、宇宙、海洋、資源分野であり、今日ではこれらを加えて統合イノベーションと称して、バイオ、IT、AI、サイバー、軍事分野の研究開発の政策である。それはまた大企業が世界で生き残っていくための政策でもある。むろん、軍事分野を除けば、このような分野を否定するものではないが、偏った分野の重点化は他の分野を圧迫しバランスを崩し、広い裾野を必要とする学術研究を枯渇させることになりかねない。

現状は憲法9条の破壊の一環として作り出されてきている。したがって、9条を守る戦いと結び付けて、広範な市民との連携をどう作り出すかが、現状を跳ね除ける鍵となる。

1 「国立大学法人化後の現状と課題について（中間まとめ）」文科省、2010年7月15日。
2 「これからの大学教育等の在り方について」（第三次提言）、教育再生実行会議、2013年5月28日。
3 「日本再興戦略―JAPAN is BACK」日本経済再生本部、2013年6月14日。
4 「イノベーションの観点からの国立大学改革について」産業競争力会議における文部科学大臣下村博文発言、2015年4月15日。
5 2018年2月8日開催。

6　「統合イノベーション戦略」閣議決定、2018年6月26日。

7　「総合的な科学・技術政策の確立による科学・技術研究の持続的振興に向けて（勧告）」2010年8月。

8　古くは「21世紀の社会と科学技術を考える懇談会」が1999年5月に議論をしているし、学術会議の勧告後には高橋智子「科学技術と科学・技術をめぐって」、木本忠昭「技術政策の貧困—《科学技術》と《科学・技術》によせて」『科学史技術史通信』（No.13）、科学史技術史研究所、2010・12・20をはじめ新聞各紙でも論じられた。

9　元科学技術庁職員、テクノクラート、文科省研究振興局企画課長、科学技術・学術政策研究所所長、現宮城大学学長。

10　川上伸昭「科学技術政策の歴史的展開について」（『我が国の科学技術行政に関する歴史的考察』政策研究大学院大学、研究代表者中島邦雄、2007年）。

11　文部省訓令1940年3月、『近代日本教育制度史資料（第四巻）』p.77、大日本雄弁会講談社、1956。

12　『日本学術会議二十五年史』p.262。

13　「週報」（1941・6・4）。

14　大淀昇一『宮本武之輔と科学技術行政』、東海大学出版会、1989年、pp.384‐412。

15　山崎俊雄『技術史　日本現代史体系』、東洋経済新報社、1961年、pp.233‐234。

16　日本学術会議「研究基本法の制定について（勧告）」には理由の一部に「科学研究の発展は、諸科学領域が相互に協力することによってもたらされる。また、科学研究の成果が、人類の福祉に貢献するためには、人文、社会および自然科学が調和のとれた発展をとげることが必要である。したがって、科学研究の助成は、科学研究の全領域に調和のとれた発達をとげることを目標としなければならない。」とある。

17　学術会議「科学技術に関する基本法制定について（勧告）」1969年では「当会議が主張してきた科学研究基本法をまず制定し、さらに基礎から応用に至る全研究分野の調和ある発展を確保するため、人文・社会科学を含む基礎科学の全領域を対象とした〝学術振興法（仮称）〟を〝科学技術振興基本法〟と同時に、制定するよう強く要望する。これにより、この領域の研究予算を格段に増額することが、近時における科学研究の世界的規模の大躍進に対応するのに不可欠の要件である。」と述べている。

18　「科学技術基本法」（目的）「第一条　この法律は、科学技術（人文科学のみに係るものを除く。以下同じ。）の振興に関する施策の基本となる事項を定め、科学技術の振興に関する施策を総合的かつ計画的に推進すること」とある。

19 『第1期科学技術基本計画』。

20 川上伸昭「源流となった15年前の〝科学技術白書〟」http://costep.open-ed.hokudai.ac.jp/costep/10th_contents/article/29/

21 http://www.unesco.org/science/wcs/eng/declaration_e.htm

22 平成30年度予算（案）主要事項、文科省。２０１８年1月より作成。

23 日本学術振興会「科研費データ」。

24 防衛装備庁、安全保障技術研究制度ＨＰ。

25 総務省統計局「平成30年科学技術研究調査　用語の解説」。

26 防衛研究所長大越康弘「防衛研究所達第1号」、平成11年4月20日。

27 「研究職職員採用パンフレット２０１７」防衛研究所—防衛省。http://www.nids.mod.go.jp/employment/pdf/saiyo_pamphlet2017.pdf

28 Schmitt, Roland W., "Export Controls: Balancing Technological Innovation and National Security "Issues in Science and Technology", 1984). (The Relationship between Defense and Civil Technologies, Gumment, Phillips and Judith Reppy, 1988.)

あとがきにかえて

竹森正孝

本書は、２０１７年6月25日に日本科学者会議（ＪＳＡ）が開催した総合シンポジウム「学問と学術体制のあり方を問う」（東京・明治大学グローバルフロント）での主要な講演、対談をベースに、その後の事態の推移を踏まえて加筆補正を行ったうえで、出版にこぎつけたものである。

本書の中でもそれぞれの立場から明らかにされているように、わが国における昨今の社会の軍事化と、それを一層推し進める手段として軍事研究を「解禁」する動きが活発化し、学問（科学研究）に携わる者の立場や責任が問われる政治状況が深刻化してきた。防衛省が研究費を出すという、そしてそれに大学関係者も疑念を挟むことなく応募する、まぎれもない軍学共同の推進という政策が打ち出されたのである（「安全保障技術研究推進制度」）。この間の大学政策、とりわけ貧困な予算（国立大学の運営費交付金、私学助成の削減による）のもと、研究費を確保するのに汲々としている研究者にとって「飴」ではあっても、これはただの飴ではなく、軍事への協力という実質的には過酷な「鞭」にほかならない。

問われたのは、軍事研究と科学者（そのコミュニティ）の責任と役割に関わる問題であり、当然のことながら、安倍政権のもと、憲法破壊、議会制民主主義の形骸化が進む政治状況とも直接に響きあう問題であった。安倍政権による、従来の政府の憲法9条解釈の変更を強行し、集団的自衛権行使の容認、ひいては海外で「戦争のできる国」づくりを急ぐ政治状況とも相まって、学術研究の軍事利用を危惧する多くの心ある科学者が声をあげたのは当然のことであった。いくつかの大学でも深刻な憂慮が表明され、日本学術会議でも強い疑念が出て、科学者の軍事研究への対応姿勢のあり方が厳しく問われた。

２０１６年秋口から始まった、こうした軍学共同に反対する科学者の運動は、いわゆる「安保法制」反対の国民的な運動とも連動しながら、様々な工夫を凝らして粘り強く展開された。ＪＳＡでも、全国レベル、各地方のレベルで、軍学共同反対、軍事研究反対の取組が強められ、各大学においても軍事研究を行わないことを求める運動を強めた。この運動を進めるうえで、「軍学共同反対連絡会」や市民連合、安保法制に反対する「学者の会」の運動も大きな力となった。また、日本学術会議は、独自の立場から、検討委員会を組織し、真摯な検討を深め、戦後直後の創設時の理念に立ち返り、さらにそれを深化させるべき取組みを進めていた。科学者と学術研究に関心を寄せる広範な人びとが改めて「科学者と科学のあり方」を考えることが要請されたのである。

ＪＳＡでは、各地の取組みの連携と全国レベルでの運動の飛躍を意図して、何らかの形で総合的なシンポジウムを持てないかとの声に応えて、プレシンポとそれをステップとした総合シンポを科学者運動に関わる諸団体と連携して開催することとした。それが、２０１７年4月8日に中央大学理工学部で開催されたプレシンポとそれに続けての6月25日に明治大学グローバルフロントで開催された「学問と学術体制のあり方を問う」と題した総合シンポである。副題には、「学術研究の軍事利用を拒否する」とともに、「平和・自由・自主・民主的であってこそ学術の発展がある」と、このシンポのよって立つ基本理念がうたわれた。国民とともに歩む科学者運動を改めて宣言するものでもあった。

この総合シンポジウムは、本書のメイン執筆者の学術会議会長の経験者でもある広渡清吾氏の講演、ＪＳＡ代表幹事でノーベル物理学賞受賞者の益川敏英氏と精神科医でもある香山リカ氏の対談を核として企画、開催された。さらには、明治大学教職員組合、安保法制に反対するオール明治の会の後援をいただき、全国大学高専教職員組合（全大教）、日本私立大学教職員組合連合（私大教連）、軍学共同反対連絡会、九条科学者の会、平和と民主主義のための研究団体連絡会議（平民研連）の5団体の協賛を得て開催されたものである。シンポジウムの模様は、ウェブ上のYoutubeにアップされておりhttps://www.youtube.com/watch?v=XYwm2Jyw-roで見ることができる。

当日は、後援団体、協賛団体からもリレートークに参加いただき、シンポジウムに大変な厚みが加わった。ＪＳＡとしても、その時点までの軍事研究、軍学共同に関わる大学等の動きを「資料集」としてまとめ、参加者に配布した（項目だけだが、この動きはＪＳＡのホームページで見ることができる（「大学の理念と行動規範そして軍事研究へのスタンス」（http://www.JSA.gr.jp）、資料集を希望される方はＪＳＡ事務局まで連絡されたい（連絡先は上記ホームページ参照）。

２０１９年度概算要求が公表される時期であるが、防衛省のそれはこの数年突出した形で増加している。「安全保障技術研究推進制度」の予算も引き続き１００億円を超えたものとなっている。

予算ばかりでなく、経済の軍事化、対米一辺倒の外交・軍事（防衛）政策は強まる一方であり、武器輸出も安倍政権の対外路線の売り物にさえなっており、経済活性化の梃子に位置づけられている。沖縄県民の意思を無視し、辺野古新基地建設にやみくもに突進する政治の行動も、こうした流れとともに押えておく必要があろう。

これまで、辛うじて守られてきた大学の自治と学問の自由も、学校教育法の「改正」により、トップダウンのガバナンスを強制する大学政策のもと、その力もそれを発揮する環境も大きな様変わりを余儀なくされた。大学の自主性の基盤たる自由闊達な学問研究を進めることが困難になる、そんな状況が各地各大学で見られるようになっている。「軍事」が大学とそこで働く研究者に接近する環境が生まれてきたといっていい。

もちろん、大学が「象牙の塔」であっていいはずはない。大学関係者が軍事研究に反対といっても、現実には軍需産業は武器輸出に、そして新たな兵器・武器開発に膨大な人と資金を用意し、企業内部の科学者を動員して軍事研究を進めている。そして、大学関係者に共同研究をと働きかけ、さらには米軍からの研究費提供も以前から存在してきた。日本社会においても、従来から憲法の理念や学術会議のこれまでの声明なども無視されて、軍事研究は行われてきたのである。大学は、辛うじてその方向に抵抗してきたといえるが、それでもいくつかの大学で軍事研究に手を染める事例が存在するのもまた事実である。

しかし、忘れてならないのは、民間企業や国の行政機関なら軍事研究を実施していいのか、という問題である。憲法第9条や平和主義を掲げるわが国にあって、科学の平和利用に徹し、軍事研究に加担しないというのは、大学関係者のみの問題なのか、という問いかけが必要ではないかと考える。科学者とされる人びとの圧倒的多数は、実に民間企業で働く研究者である。この人たちの研究の自由、科学を軍事に利用しないという価値観を保障し、護るということなくして、科学の軍事利用を阻止することはほぼ不可能であろう。こうした問題を提起し、研究者コミュニティのあり方を変革していくことは、現状では相当に困難であることは認めなければならない。JSAのこの総合シンポでもこの点はほとんど取り上げることができなかった。本来、「営利」や「利潤追求」に馴染みにくい教育や福祉の世界にも、「競争原理」が持ち込まれ、それが主導的な流れにさえなっている今日、元来が「営利」を目的とする企業の論理が優越する場で、研究の自由と研究者の自律性を問うことは、当然ながら簡単なことではない。企業の論理に優越する、憲法理念、個人の尊厳、科学的真理の普遍性などの対抗論理の精緻化が必要であろう。

こうした事態だけに、私は、大学と大学関係者の役割が決定的に重要だと考える。軍事（化）の論理を食い止める最後の壁を大学が築いており、瓦解させてはいないからである。情報、イデオロギー、国民意識など文化の領域でも社会の軍事化は顕著であるといっていい。だからこそ、教育、学術研究の役割もまた決定的に重要であり、この領域での大学の役割はいうに及ばない。

昨年（2017年）春をピークに科学者の軍学共同反対の運動が盛り上がり、日本学術会議もまた、「安全保障と学術に関する検討委員会」の報告「軍事的安全保障研究について」を受けて、幹事会の名で「軍事的安全保障研究に関する声明」（3月24日）を発表した。学術会議の歴史を踏まえ、現下の状況に正面から立ち向かった学術会議の作業に敬意を表明するものである。こうした科学者コミュニティの中で広範で多様な見解を持った人びとが真摯に取り組んだことが、大きな変化を生み出したことは間違いない。学術会議が２０１８年春に行ったアンケートによれば、軍事研究に参加しないと決め、またはその方向での検討を進めていることを示唆する大学が相当数に上っている。しっかりとフォローアップの活動を行い、軍事研究拒否、軍事研究非協力などを明記した大学憲章や平和宣言、研究者行動規範や研究倫理規程などの学内規則の整備などを進め、確実な保障の手立てを追求することが求められる。

今年（２０１８年）になって、京都大学や帯広畜産大学をはじめとして少なくない大学が軍事研究には参加しないと表明し、一旦は防衛装備庁の資金を受けながら、それを辞退することとした北海道大学の例など、大きな関心を集めるとともに、科学の平和利用を求める広範な科学者と国民に勇気を与える事例も生まれた。「安全保障技術研究推進制度」の応募件数、採択結果を見れば、この間の変化は明らかである。最初の年である２０１５年には大学からの応募は58件あったものが、同じく16年は23件、17年は22件、そして18年は12件と大きく減少している。採択件数の方は、15年が4大学、16年が5大学、17年は0大学（ただし分担者としては5大学）、18年は3大学（他に分担者として2大学）となっている。応募件数の激減は、明らかに学術会議の声明と、各地各大学での応募を止めるよう求める科学者の声の反映にほかならない。ただ、この制度に関連して、採択審査に係る安全保障技術研究推進委員にも関心を払う必要がある。この選考機関は23人からなっているが、何と大学関係者が14人を占め、その内半数が現職である。

本来、あとがきでは、本書に収められた各論文等について、編者の立場でなにがしかを述べるのが通例だと思われるが、あえてそれは避けることとした。ＪＳＡが企画したシンポジウムの意図を正面から受け止め、講演や対談に望まれた方々が改めてそれに手を入れられた訳で、今日の軍事研究、軍学共同、社会（政治、経済を含む）の軍事化と学術や研究者が向いあうべき姿勢が鋭く提起されていることを確認するにとどめたい。ＪＳＡがこの間の取組をつうじて、その都度公表してきた声明や見解については、ウェブサイトで見ることができるので、ぜひ参照願いたい（http://www.JSA.gr.jp）。

そのうえで、科学研究に携わる方々、それを目指す若い人びと、さらには広く科学や科学者のあり様に関心を寄せる方々に、科学がその真髄とする普遍的真理の探求とはどういうことなのか、当然のことと思われながら、日々の忙しさ、押し寄せる「競争原理」のもと、つい忘れがちになったり、脇に置かれたりする原理的問題を問いつづけることが、なお一層重要なのであって、科学者が国民とともに一緒に考え続けなければならない課題としてあるのではないか、今ある研究課題とその結果は、健全で普遍的な価値を壊さないか、人びとの平穏な暮らしに害をもたらさないか、立ち止まって考える必要はないのか、そんなことを考える契機としていただければ幸いである。

どんな社会にも多様な利害や見解の相違がある。だからこそ、「対話」力が問われる。生き方が問われる。学術会議の戦後の歩みが、軍事との関わり方への猛省の上から始まったことを改めて想起したい。学術会議声明を生かすも殺すも各大学と研究者個人および集団の取組次第だということになろう。軍事に利用されるかもしれない、軍事研究かもしれないが、しかし民政利用に繋がればいいではないか、こんな声はけっして少なくない。若い研究者の中にはかなりあるとも聞く。「対話」（議論）は、大学の、そして科学者の本領とすべきことである。この「対話」を通じて、科学の軍事利用をやめ、自由で民主的な自律的な科学者コミュニティ、自治を保障された「学問の自由」を護りうる大学づくりに取り組むさまざまな試みを大いに期待したいものである。本書を手に取られた方が、友人同士、職場の同僚との間で、真摯な議論をする機会を持っていただけるなら、刊行に携わったものとして、嬉しいことはない。

平成29年（2017年）3月24日
第243回幹事会

軍事的安全保障研究に関する声明

日本学術会議

日本学術会議が1949年に創設され、1950年に「戦争を目的とする科学の研究は絶対にこれを行わない」旨の声明を、また1967年には同じ文言を含む「軍事目的のための科学研究を行わない声明」を発した背景には、科学者コミュニティの戦争協力への反省と、再び同様の事態が生じることへの懸念があった。近年、再び学術と軍事が接近しつつある中、われわれは、大学等の研究機関における軍事的安全保障研究、すなわち、軍事的な手段による国家の安全保障にかかわる研究が、学問の自由及び学術の健全な発展と緊張関係にあることをここに確認し、上記2つの声明を継承する。

科学者コミュニティが追求すべきは、何よりも学術の健全な発展であり、それを通じて社会からの負託に応えることである。学術研究がとりわけ政治権力によって制約されたり動員されたりすることがあるという歴史的な経験をふまえて、研究の自主性・自律性、そして特に研究成果の公開性が担保されなければならない。しかるに、軍事的安全保障研究では、研究の期間内及び期間後に、研究の方向性や秘密性の保持をめぐって、政府による研究者の活動への介入が強まる懸念がある。

防衛装備庁の「安全保障技術研究推進制度」（２０１５年度発足）では、将来の装備開発につなげるという明確な目的に沿って公募・審査が行われ、外部の専門家でなく同庁内部の職員が研究中の進捗管理を行うなど、政府による研究への介入が著しく、問題が多い。学術の健全な発展という見地から、むしろ必要なのは、科学者の研究の自主性・自律性、研究成果の公開性が尊重される民生分野の研究資金の一層の充実である。

研究成果は、時に科学者の意図を離れて軍事目的に転用され、攻撃的な目的のためにも使用されうるため、まずは研究の入り口で研究資金の出所等に関する慎重な判断が求められる。大学等の各研究機関は、施設・情報・知的財産等の管理責任を有し、国内外に開かれた自由な研究・教育環境を維持する責任を負うことから、軍事的安全保障研究と見なされる可能性のある研究について、その適切性を目的、方法、応用の妥当性の観点から技術的・倫理的に審査する制度を設けるべきである。学協会等において、それぞれの学術分野の性格に応じて、ガイドライン等を設定することも求められる。

研究の適切性をめぐっては、学術的な蓄積にもとづいて、科学者コミュニティにおいて一定の共通認識が形成される必要があり、個々の科学者はもとより、各研究機関、各分野の学協会、そして科学者コミュニティが社会と共に真摯な議論を続けて行かなければならない。科学者を代表する機関としての日本学術会議は、そうした議論に資する視点と知見を提供すべく、今後も率先して検討を進めて行く。

平成29年（2017年）4月13日
安全保障と学術に関する検討委員会

報告　軍事的安全保障研究について

日本学術会議

本文書は、本検討委員会における審議の報告である。

1　科学者コミュニティの独立性

1）日本学術会議が1949年に創設され、1950年に「戦争を目的とする科学の研究は絶対にこれを行わない」旨の声明［1］を発し、また1967年には同じ文言を含む「軍事目的のための科学研究を行なわない声明」［2］を出した背景には、科学者コミュニティの戦争協力への反省と、再び同様の事態が生じることへの懸念があった。

2）科学者も戦争に動員されたに過ぎず、責任はないという立場に立てば、科学者コミュニティが反省する理由はない。戦後の日本の科学者たちは、動員されたこと自体に責任があると考えた。科学者コミュニティが政府からの独立性を確保できなかったことを反省し、独立性を確立することを目指したのである。

3）科学者コミュニティが追求すべきは、何よりもまず、学術の健全な発展であり、学術の健全な発展を通して社会からの負託に応えることである。

4）安全保障概念は大きく国家の安全保障と人間の安全保障に区分され、さらに前者が政治・外交的な手段による安全保障と軍事的な手段による安全保障とに区分される。

5）一般に、学術の健全な発展への影響について慎重な検討を要するのは、このうち、軍事的な手段による国家の安全保障の分野である。この分野にかかわる研究を、ここでは軍事的安全保障研究と呼ぶ。日本における防衛装備技術の研究もここに含まれる。

6）日本学術会議において、安全保障と学術との関係について検討する際の焦点は、軍事的安全保障研究の拡大・浸透が、学術の健全な発展に及ぼす影響である。

7）日本学術会議はすべての科学者の代表機関であるが、問われているのは、従来は軍事的安全保障研究にほとんど携わってこなかった大学等の研究機関において、軍事的安全保障研究が拡大・浸透することをどう考えるかである。政府機関及び企業等と、学問の自由を基礎とする大学等の研究機関とでは、所属する科学者と機関・組織との関係が質的に異なる。本委員会では、主として大学等の研究機関における研究のあり方について検討した。

2　学問の自由と軍事的安全保障研究

1）学問の自由とは、真理の探究を主目的とする学術研究の自由であり、学術研究が、さまざまな権威の中でもとりわけ政治権力によって制約されたり政府に動員されたりすることがあるという歴史的な経験をふまえつつ、学術研究の自主性・自律性、そして特に研究成果の公開性が担保される必要がある。

2）研究の適切性について、学術的な蓄積にもとづいて科学者コミュニティが規範を定め、コミュニティとして自己規律を行うことは、個々の研究者の学問の自由を侵すものではない。

3）人権・平和・福祉・環境などの普遍的な価値に照らして研究の適切性を判断し、自己規律を行うことを通じて、それらの価値の実現を図ることは、科学者コミュニティの責務である。

4）学術研究は、個々の研究者の自発的な研究意欲と、科学者コミュニティ内部の相互評価を基盤として行われるべきである。政府の各部門がそれぞれの行政目的に照らして行う研究助成・研究委託も重要であるが、それらが全体として、学術研究のバランスある発展をゆがめる結果につながらないよう注意が必要である。

5）軍事的安全保障研究の分野では、研究の期間内及び期間後に、研究の方向性や秘密性の保持をめぐって、政府による研究者の活動への介入が大きくなる懸念がある。

6）防衛装備庁の「安全保障技術研究推進制度」（2015年度発足）は、研究委託の一種であり、将来の装備開発につなげるという明確な目的に沿って公募・審査が行われ、外部の専門家でなく同庁内部の職員が研究中の進捗管理を行うなど、政府による研究への介入の度合が大きい。

3　民生的研究と軍事的安全保障研究

1）民生的研究と軍事的安全保障研究との区別が容易でないのは確かである。それは科学技術につきまとう問題である。

2）軍事的安全保障研究に含まれうるのは、ア）軍事利用を直接に研究目的とする研究、イ）研究資金の出所が軍事関連機関である研究、ウ）研究成果が軍事的に利用される可能性がある研究、等である。範囲が広く、どこまで含まれるか判断が特に難しいのはウ）のカテゴリーであり、慎重な対応が求められる。

3）基礎研究であれば一律に軍事的安全保障研究にはあたらないわけではなく、軍事利用につなげることを目的とする基礎研究は軍事的安全保障研究の一環であると考えられる。

4）いわゆるデュアル・ユースとは、民生的研究と軍事的安全保障研究とを区別した上で、両者の間の転用に注目する考え方である。

5）軍事的安全保障研究から民生的研究への転用（スピンオフ）の効果が喧伝されてきたが、アメリカ等では軍事的安全保障研究予算の比率が高まる中で、民生的分野でも可能な研究が軍事的安全保障研究予算により行われた面があるとも指摘されている。

6）民生的研究から軍事的安全保障研究への転用（スピンオン）が近年期待されるようになっているが、学術研究にとって重要なのは、民生的分野の研究を、大学等・公的機関・企業等が連携して、基礎から応用までバランスのとれた形で推進することである。

7）軍事的安全保障にかかわる技術研究の内部で、自衛目的の技術と攻撃目的の技術とが区別でき、自衛目的の技術研究は認められるとの意見があるが、自衛目的の技術と攻撃目的の技術との区別は困難な場合が多い。

8）戦後日本では、民生的分野を中心として学術研究が発展し、社会に貢献してきた。

9）科学者が、自らの研究成果がいかなる目的に使用されるかを全面的に管理することは難しい。研究の「出口」を管理しきれないからこそ、まずは「入口」において慎重な判断を行うことが求められる。

4　研究の公開性

1）学術の健全な発展にとっては、科学者の研究成果が広く公開され、科学者コミュニティによって共有され、相互に参照されることが重要である。

2）軍事的安全保障研究については、研究の過程でも研究後の成果に関しても、秘密性の保持が高度に要求されがちであり、アメリカ等の研究状況に照らしても、自由な研究環境の維持について懸念がある。

3）軍事的安全保障研究を含む先端的な研究領域では、安全保障貿易管理制度など、研究成果の公開に関する制約を単純化・明確化する制度の整備が必要である。

4）軍事的安全保障研究を導入することで、大学等における海外の研究者や留学生等との国際的な共同研究に支障が出ないか、自由で開かれた研究環境や教育環境が維持できるか、学生や若手研究者の進路が限定されないか等の懸念もある。

5　科学者コミュニティの自己規律

1）いかなる研究が適切であるかについては、学術的な議論の蓄積にもとづいて、科学者コミュニティにおいて一定の共通認識が形成される必要がある。科学者コミュニティは、学術研究のあるべき姿について社会と共に真摯な検討を続け、議論を進めて行く必要がある。そうした議論の場を提供する上で、科学者を代表する機関としての日本学術会議の役割は大きい。

2）生命科学分野の研究倫理規制はすでに広く行われている。また、わが国では原子力の軍事利用にかかわる研究は、「非核三原則」や法律に加えて学協会の自己規律によっても禁止されている。物理分野においては、軍事的安全保障研究についての自己規律が試みられてきた。

3）科学者の研究成果は、時に科学者の意図を離れて軍事目的に転用され、場合によっては攻撃的な目的のためにも使用されうる。大学等の各研究機関は、施設・情報・知的財産等の管理責任を有し、自由な研究環境や教育環境を維持する責任を負うことから、軍事的安全保障研究と見なされる可能性のある研究について、その適切性について、目的・方法・応用の妥当性の観点から、技術的・倫理的に審査する制度を設けることが望まれる。

4）それぞれの分野の学協会等において、それぞれの学術分野の性格に応じて、ガイドライン等を設定することも求められる。

6　研究資金のあり方

1）この間の国立大学の運営費交付金、とりわけ基幹運営費交付金の削減等により、基礎研究分野を中心に研究資金不足が顕著となっている。そうした中、軍事的安全保障研究予算により、研究資金が増加することへの期待が一部にある。

2）しかし、一般に軍事関係予算は経済合理性等による制約を受けにくいので、軍事的安全保障研究予算が拡大することで、他の学術研究を財政的にいっそう圧迫し、ひいては基礎研究等の健全な発展を妨げるおそれがある。

3）学術の健全な発展のためには、科学者の研究の自主性・自律性、研究成果の公開性が尊重される民生的な研究資金を充実させて行くことが必要である。

昭和42年10月20日
第49回総会

軍事目的のための科学研究を行わない声明

われわれ科学者は、真理の探究をもって自らの使命とし、その成果が人類の福祉増進のため役立つことを強く願望している。しかし、現在は、科学者自身の意図の如何に拘らず科学の成果が戦争に役立たされる危険性を常に内蔵している。その故に科学者は自らの研究を遂行するに当って、絶えずこのことについて戒心することが要請される。

今やわれわれを取りまく情勢は極めてきびしい。科学以外の力によって、科学の正しい発展が阻害される危険性が常にわれわれの周辺に存在する。近時、米国陸軍極東研究開発局よりの半導体国際会議やその他の個別研究者に対する研究費の援助等の諸問題を契機として、われわれはこの点に深く思いを致し、決意を新らたにしなければならない情勢に直面している。既に日本学術会議は、上記国際会議後援の責任を痛感して、会長声明を行った。

ここにわれわれは、改めて、日本学術会議発足以来の精神を振り返って、真理の探究のために行われる科学研究の成果が又平和のために奉仕すべきことを常に念頭におき、戦争を目的とする科学の研究はこれを行わないという決意を声明する。

昭和25年4月28日
日本学術会議第6回総会

戦争を目的とする科学の研究には絶対従わない決意の表明（声明）

日本学術会議は、１９４９年1月、その創立にあたって、これまで日本の科学者が取りきたった態度について強く反省するとともに科学文化国家、世界平和の礎たらしめようとする固い決意を内外に表明した。

われわれは、文化国家の建設者として、はたまた世界平和の使として、再び戦争の惨禍が到来せざるよう切望するとともに、さきの声明を実現し、科学者としての節操を守るためにも、戦争を目的とする科学の研究には、今後絶対に従わないというわれわれの固い決意を表明する。

昭和24年1月22日
日本学術会議第1回総会

日本学術会議の発足にあたって科学者としての決意表明（声明）

われわれは、ここに人文科学及び自然科学のあらゆる分野にわたる全国の科学者のうちから選ばれた会員をもって組織する日本学術会議の成立を公表することができるのをよろこぶ。そしてこの機会に、われわれは、これまでわが国の科学者が取り器経った態度について強く反省し、今後は、科学が文化国家ないし平和国家の基礎であるという確信の下に、わが国の平和的復興と人類の福祉増進のために貢献せんことを誓うものである。そもそも本会議は、わが国の科学者の内外に対する代表機関として、科学の向上発達を図り、行政、産業及び国民生活に科学を反映浸透させることを目的とするものであって、学問の前面にわたりそのになう責務は、誠に重大である。されば、われわれは、日本国憲法の保障する思想と良心の自由、学問の自由及び言論の自由を確保するとともに、科学者の総意の下に、人類の平和のためあまねく世界の学会と提携して学術の進歩に寄与するよう万全の努力を傾注すべきことを期する。

ここに本会議の発足に当ってわれわれの決意を表明する次第である。

学問の自由と研究者のモラル
―「軍学共同」問題から考える―

2019年１月11日　初版第１刷発行
著　者　広渡清吾・益川敏英・香山リカ
監　修　日本科学者会議（JSA）
発行者　新船 海三郎
発行所　株式会社 本の泉社
〒113-0033 東京都文京区本郷2-25-6
TEL.03-5800-8494　FAX.03-5800-5353
印　刷　日本ハイコム株式会社
製　本　株式会社村上製本所
ＤＴＰ　日本ハイコム株式会社

ISBN978-4-7807-1918-5　C0036

金融の自由と国家の○○モデル
— 「軍学共同」問題から考える

2019年11月11日　初版第1刷発行

著　者　○○○○・○○○○・○○○○
編　集　○○○○○○○○　○○○
発行者　○○○○

発行所　○○○○○○○○
〒113-0033　東京都文京区○○○○○○○
TEL 03-○○○○-○○○○／FAX 03-○○○○-○○○○
印　刷　○○○○○○○○
製　本　○○○○○○○○
DTP　○○○○○○○○